ZEICHNEN LERNEN

GRAFFITI

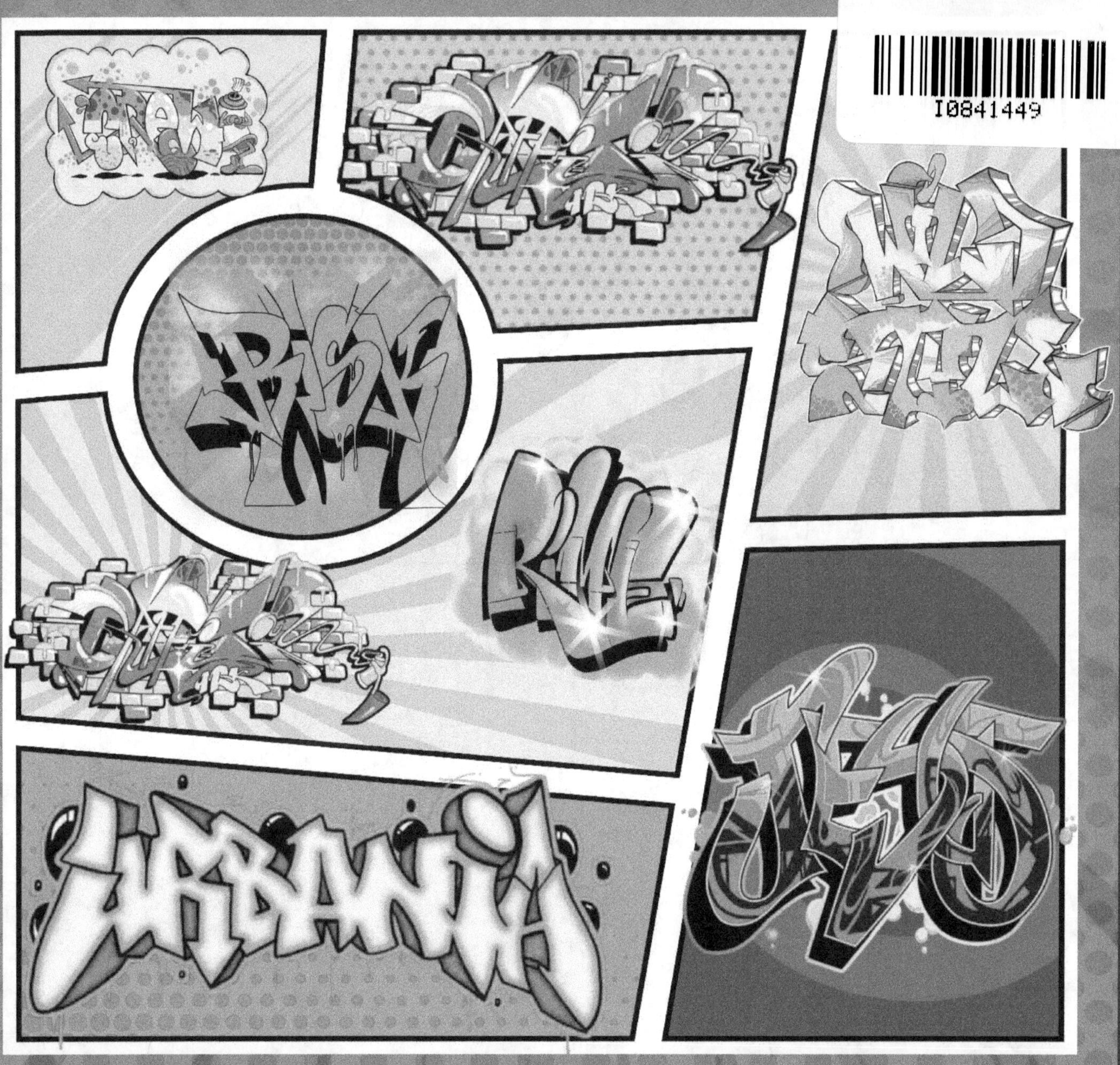

SOPHIA PRESS

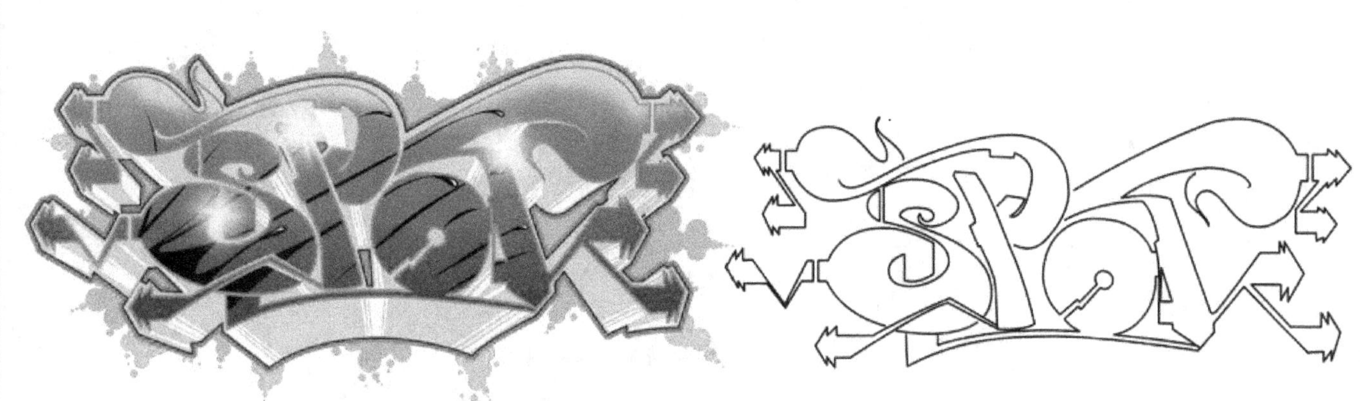

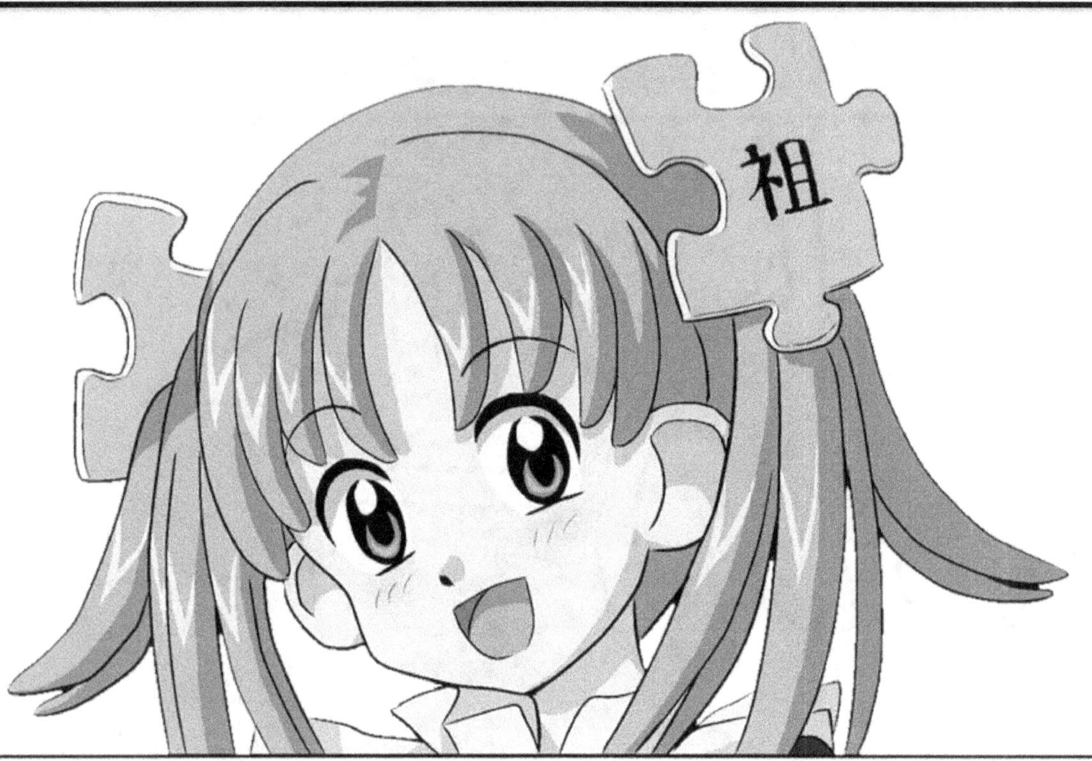
祖

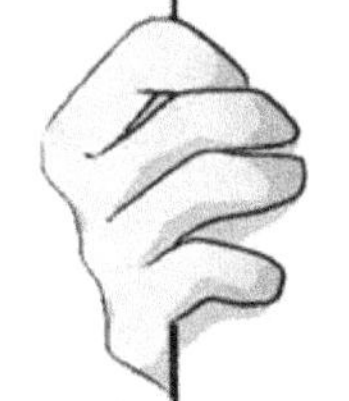

DIESES BUCH GEHÖRT:

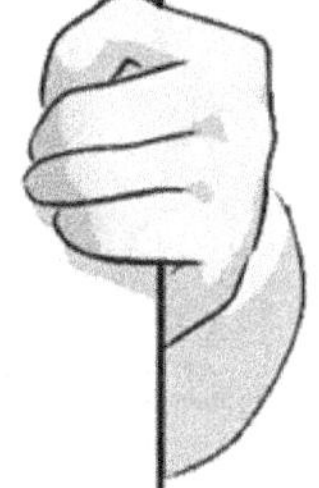

Künstlerwerkzeuge

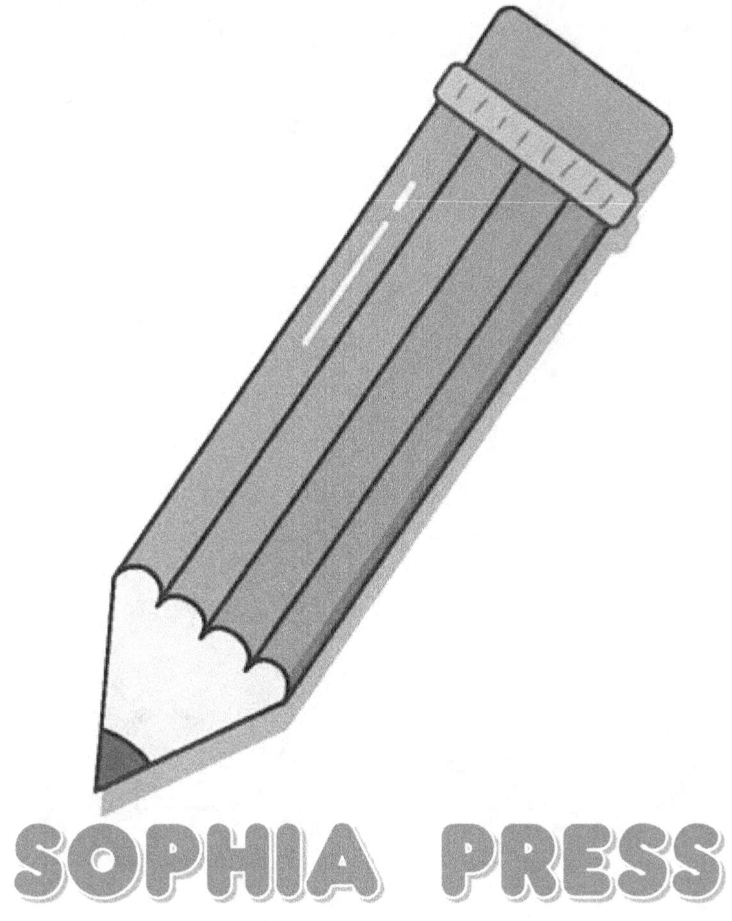

ALLES, WAS SIE BRAUCHEN: ZEICHENPAPIER, BLEISTIFTE, RADIERGUMMIS, ANSPITZER, KUGELSCHREIBER, BUNTSTIFTE. UND VIEL IHRER KREATIVITÄT

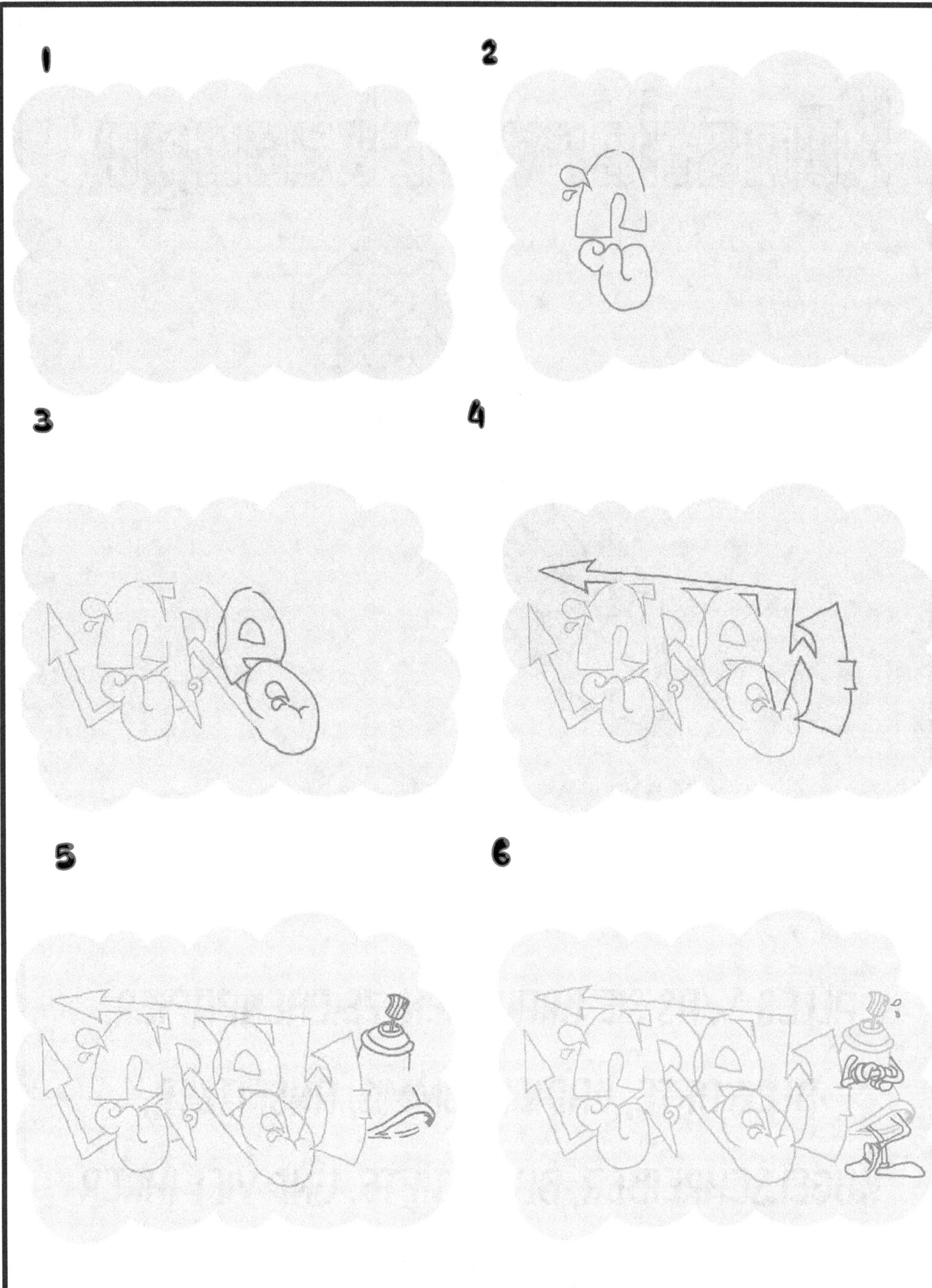

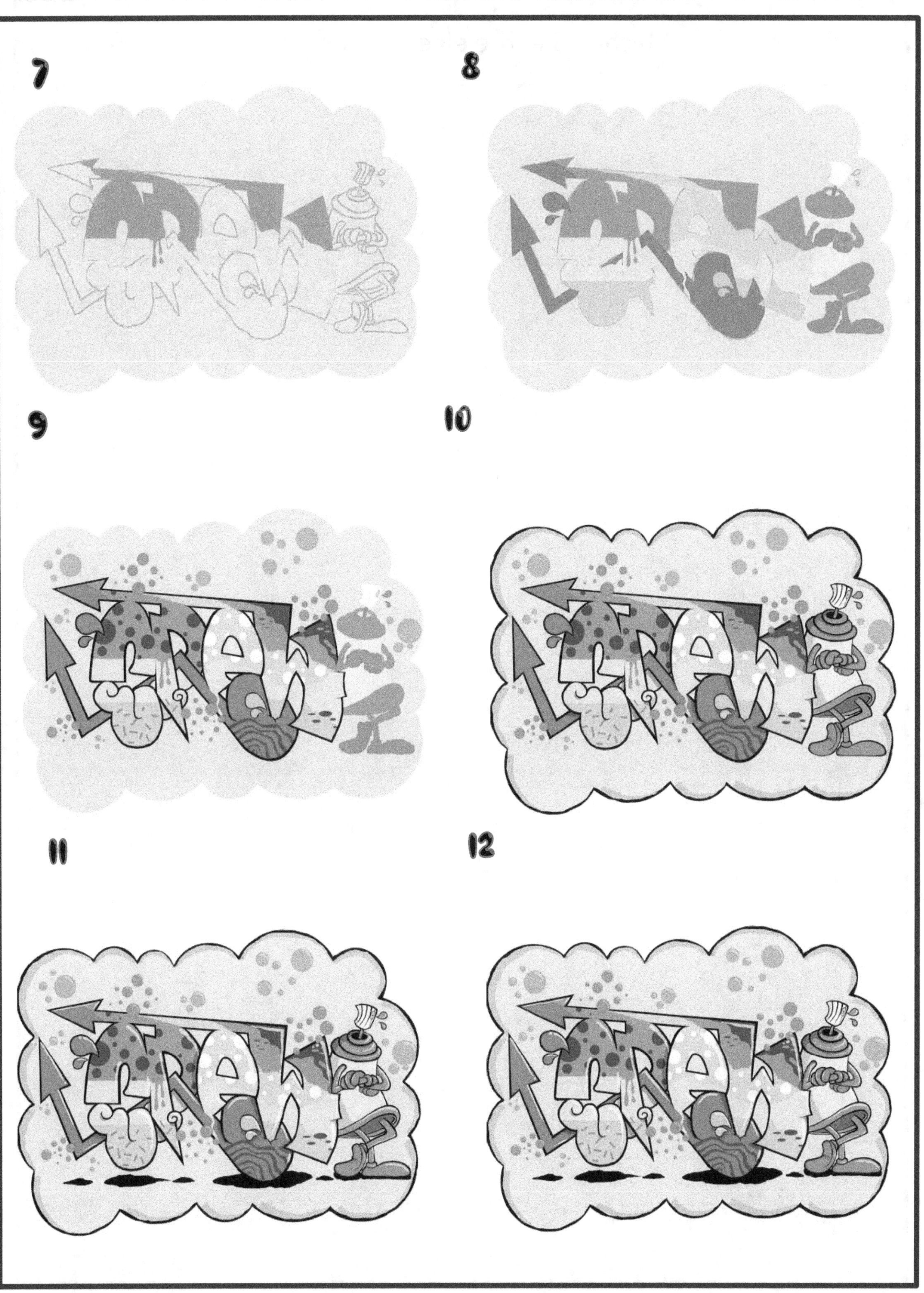
7
8
9
10
11
12

Machen Sie Ihre eigene Kunst

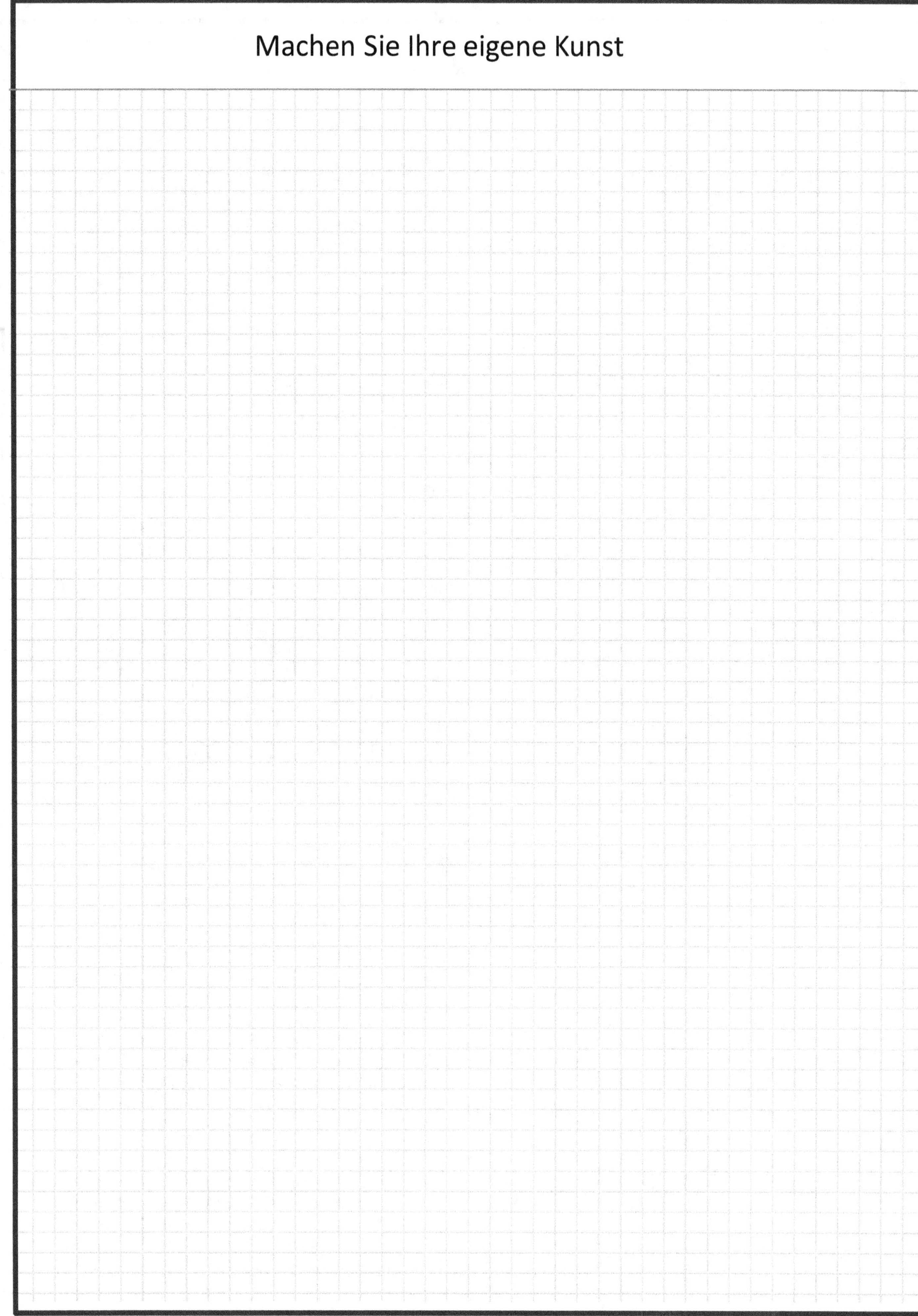

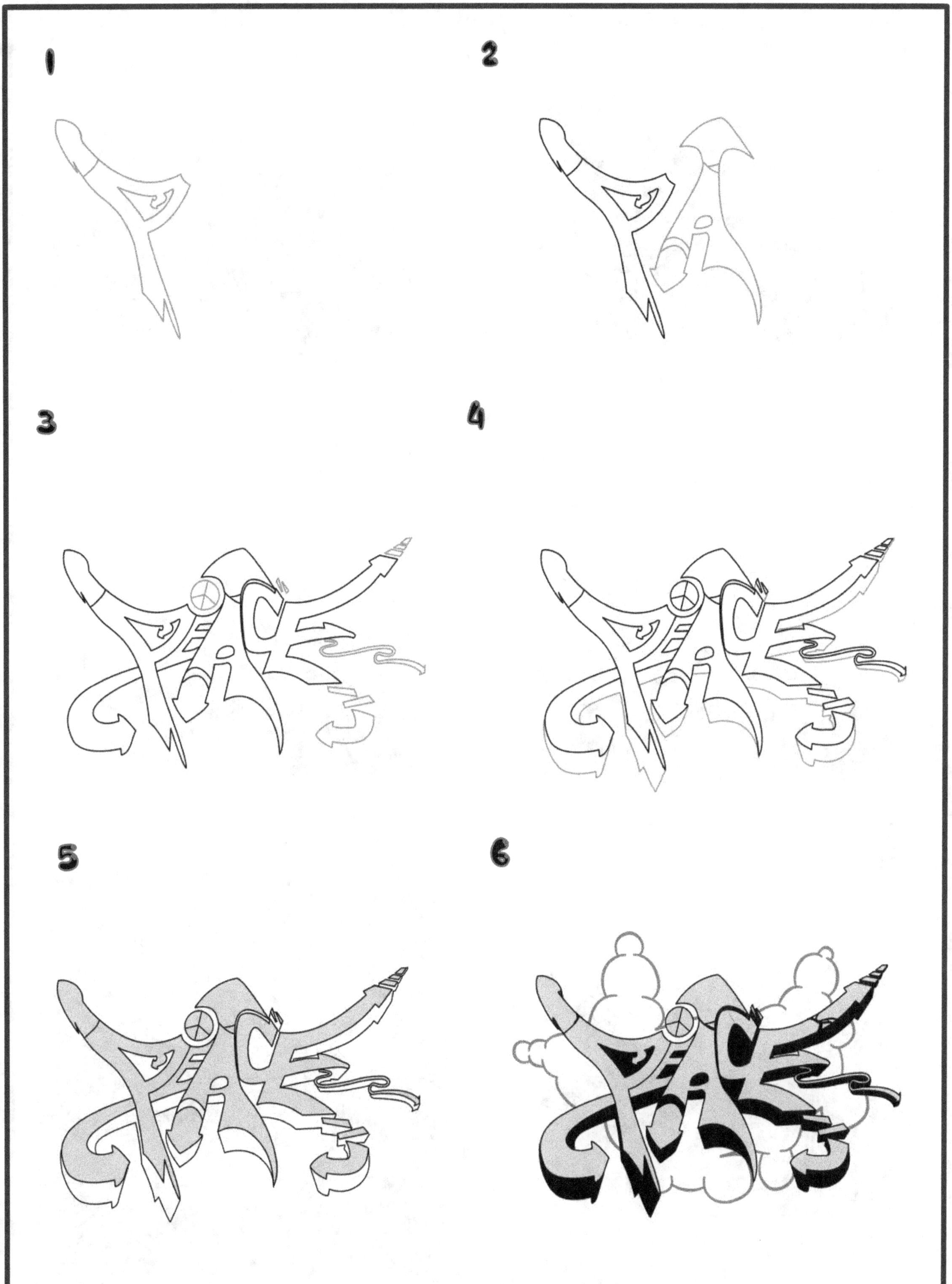

1

2

3

4

5

6

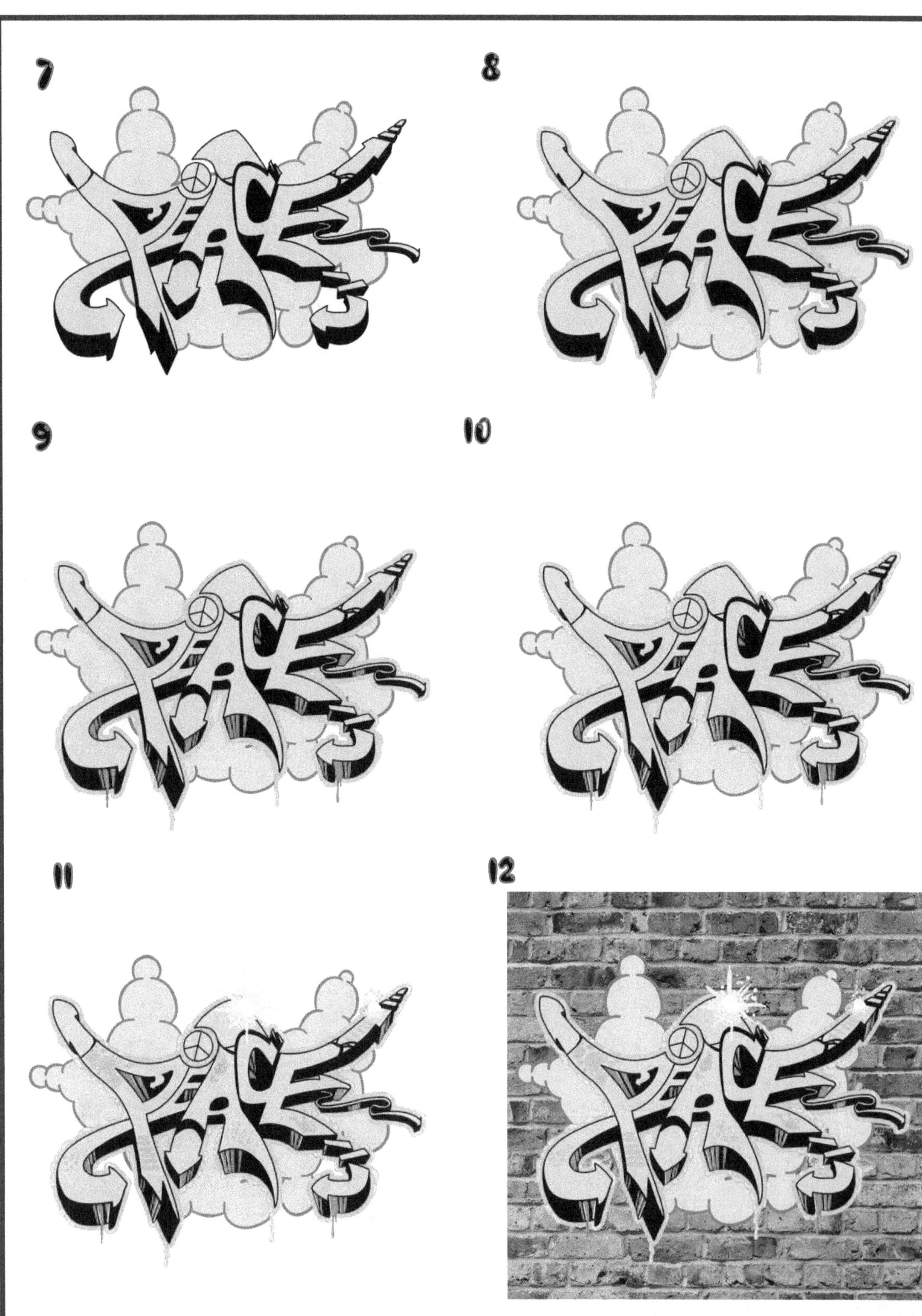

7
8
9
10
11
12

Machen Sie Ihre eigene Kunst

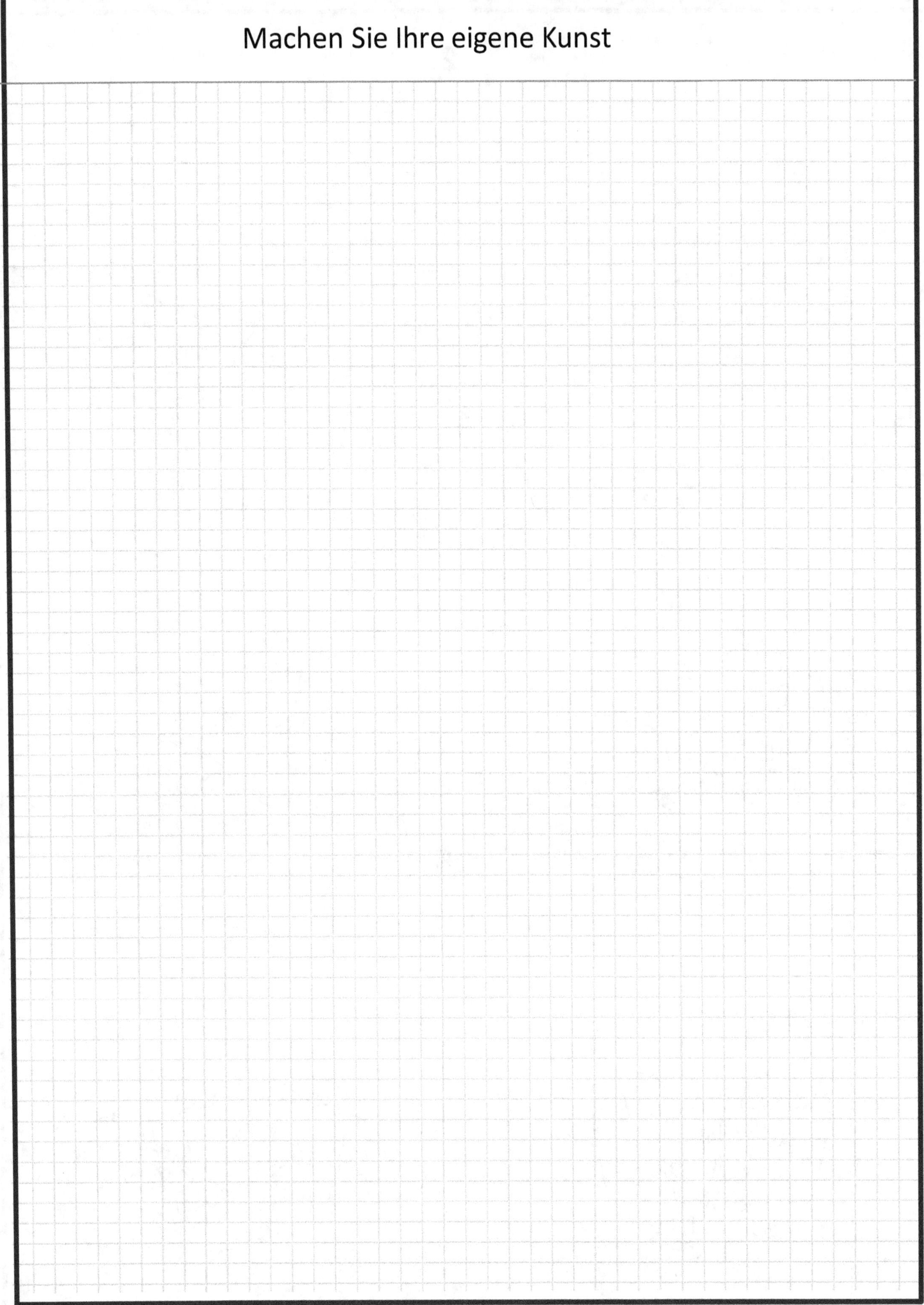

1

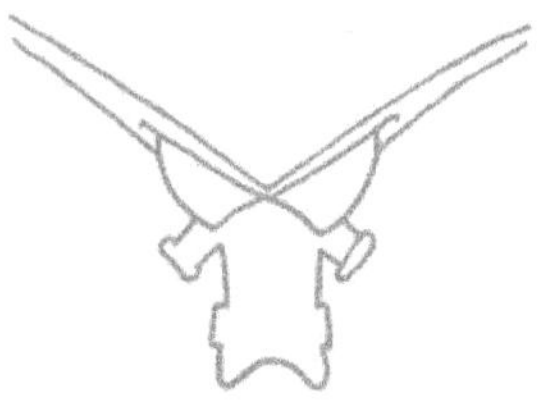

2

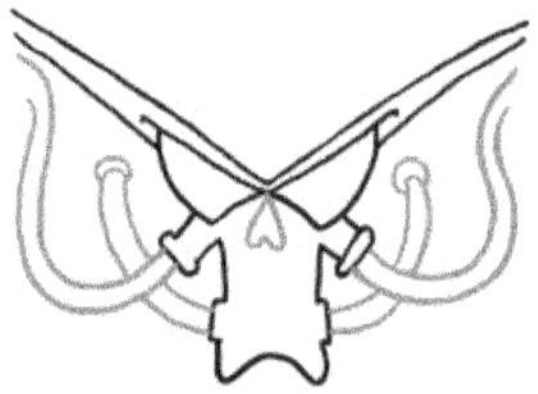

3

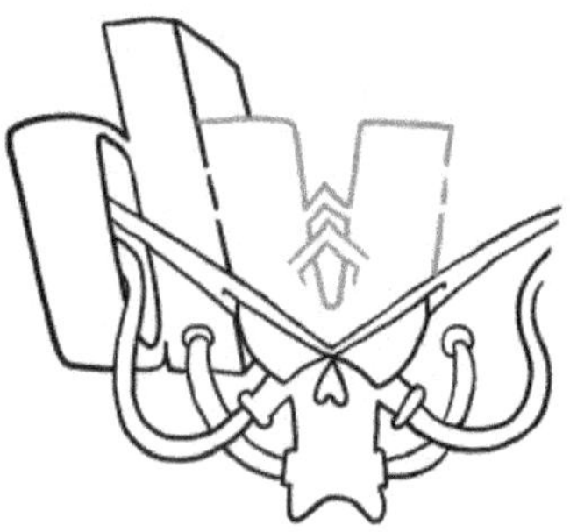

4

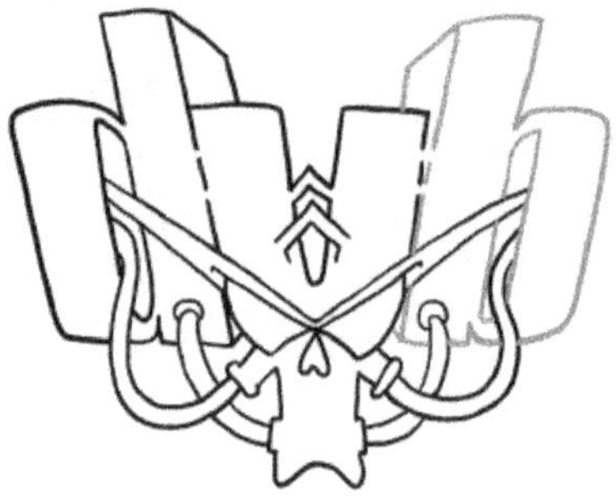

5

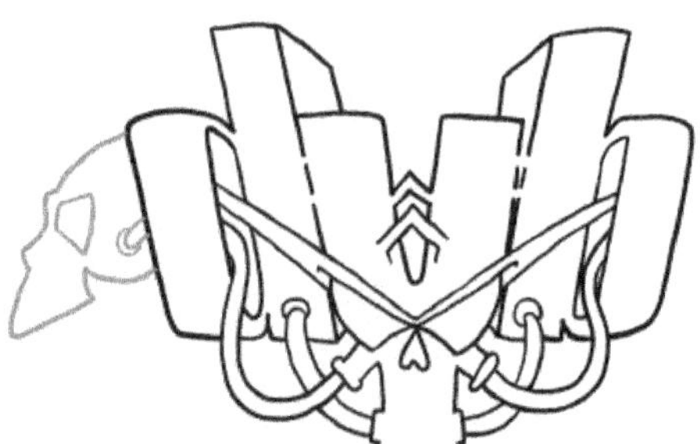

6

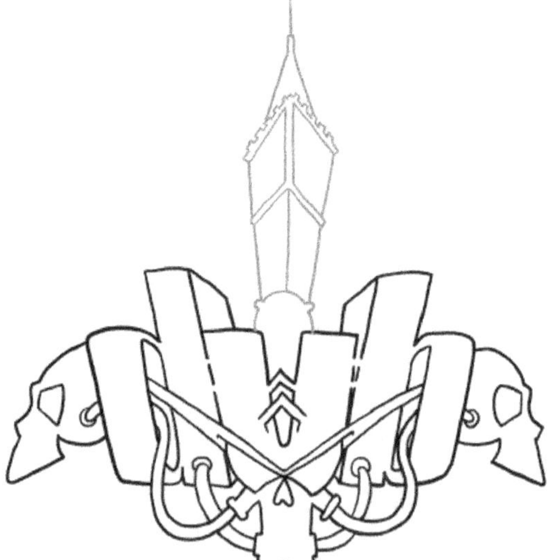

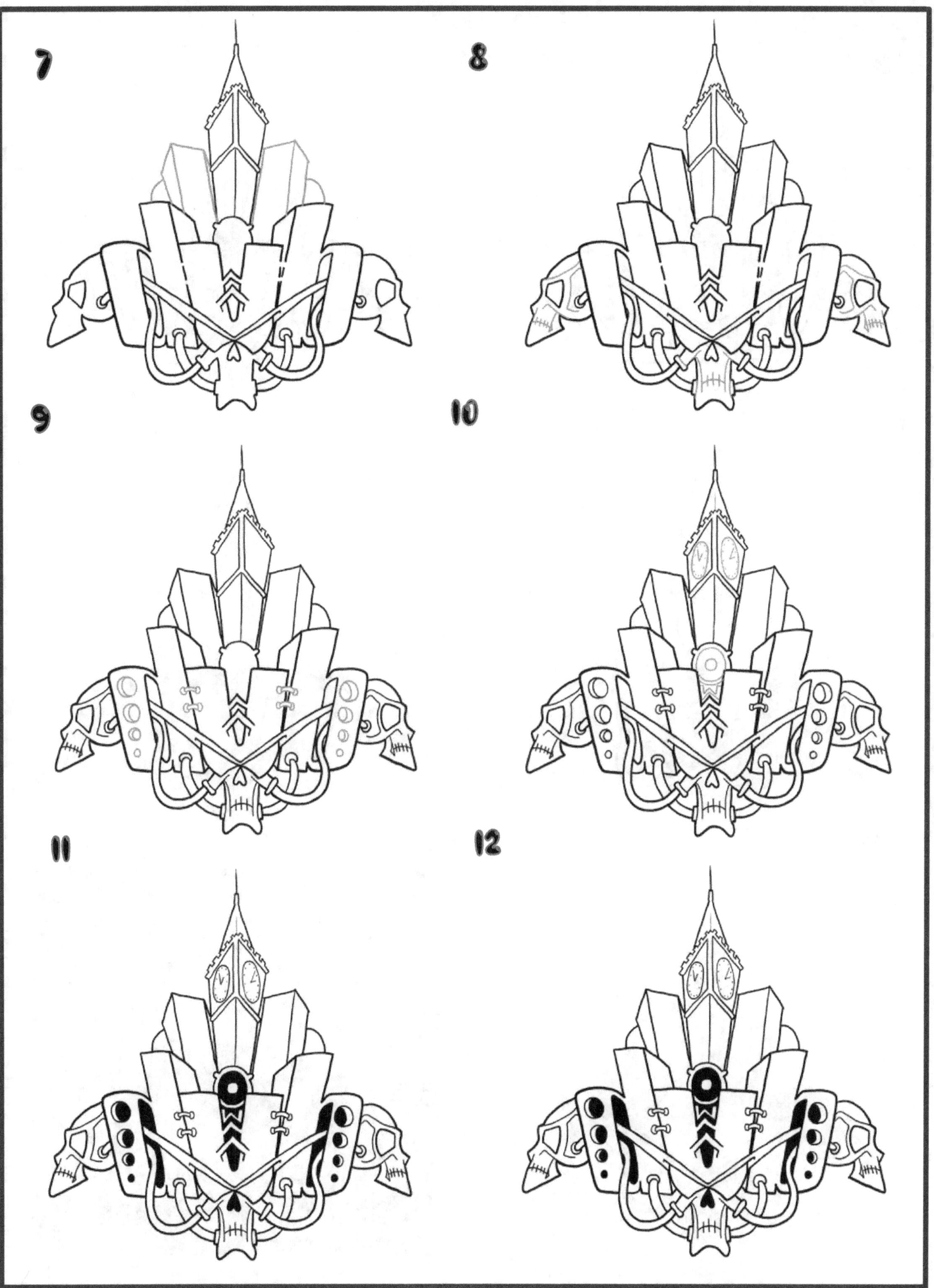

13 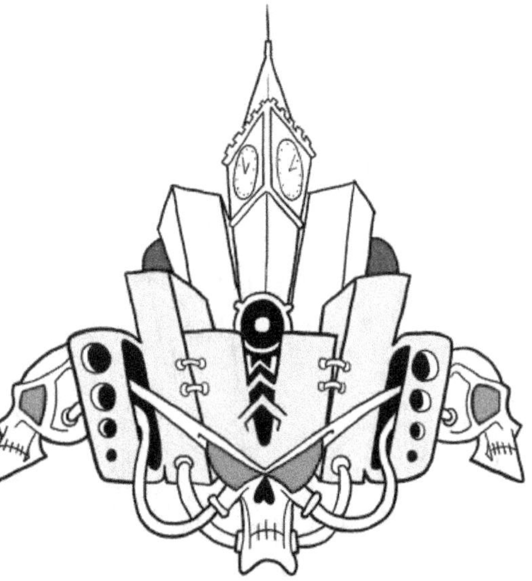
14 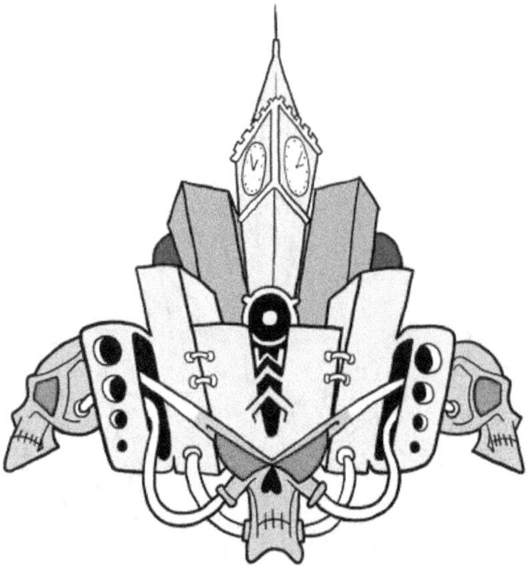
15 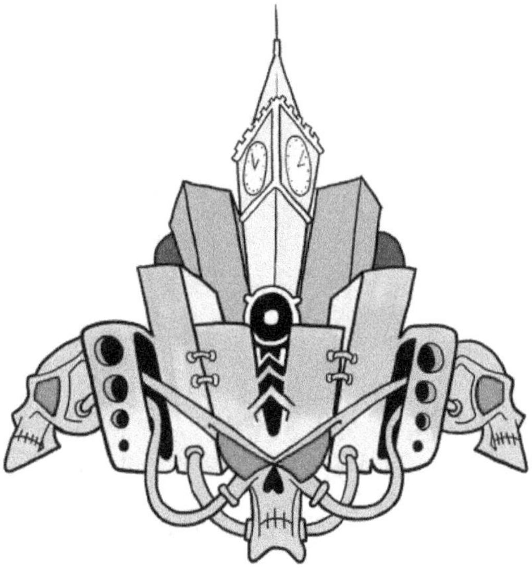
16 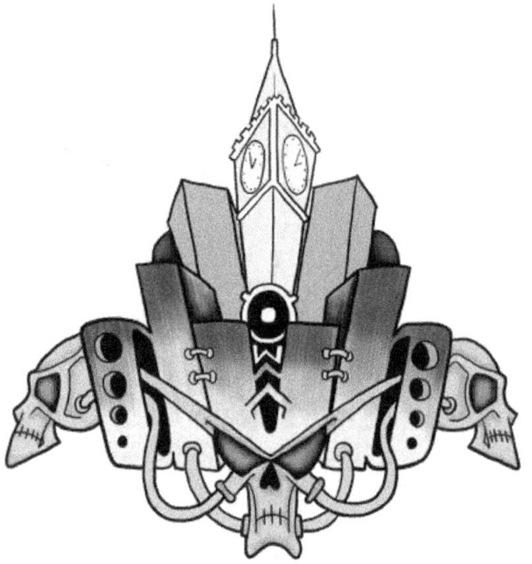
17 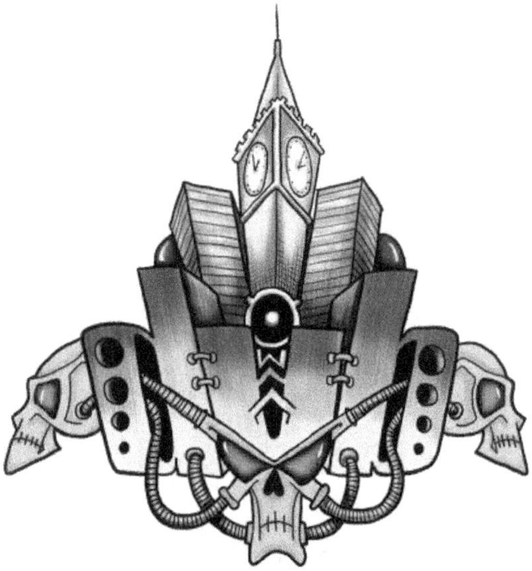
18

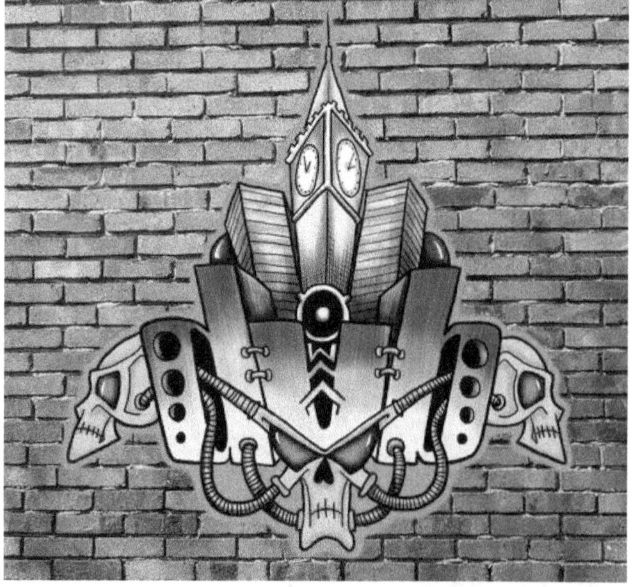

Machen Sie Ihre eigene Kunst

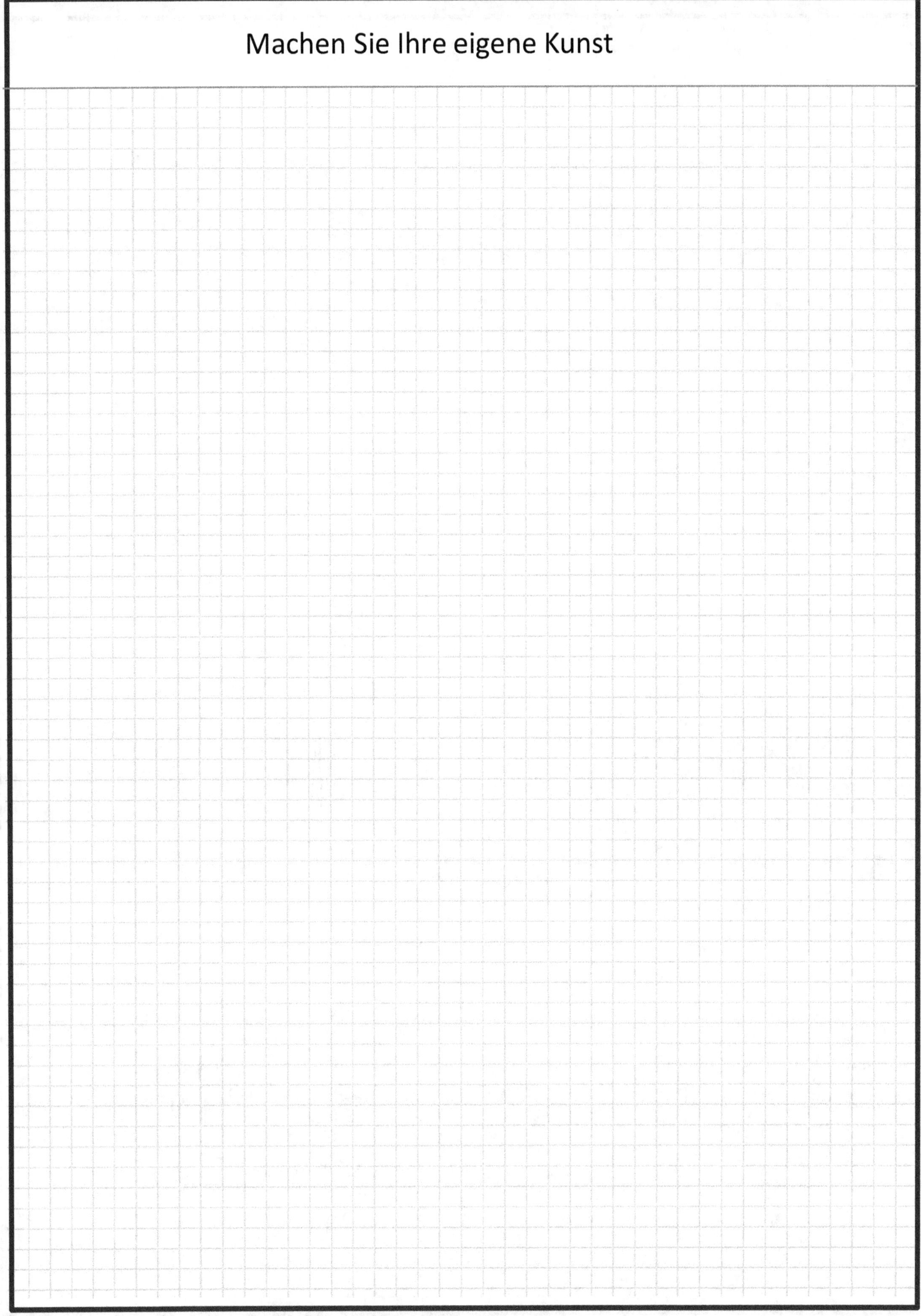

Machen Sie Ihre eigene Kunst

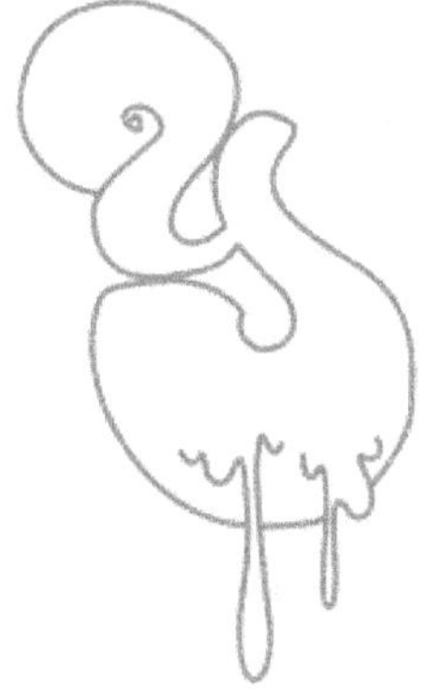
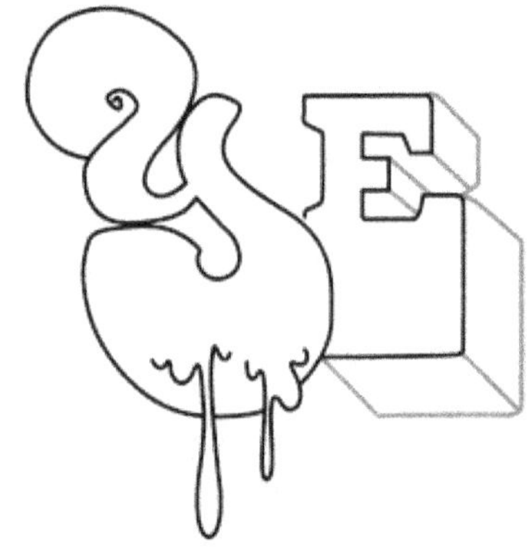
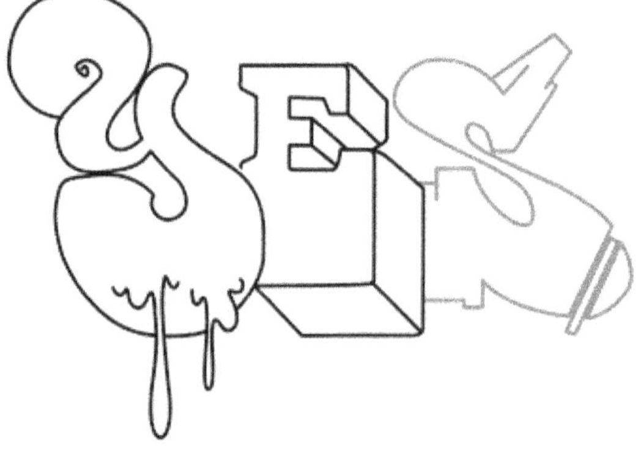

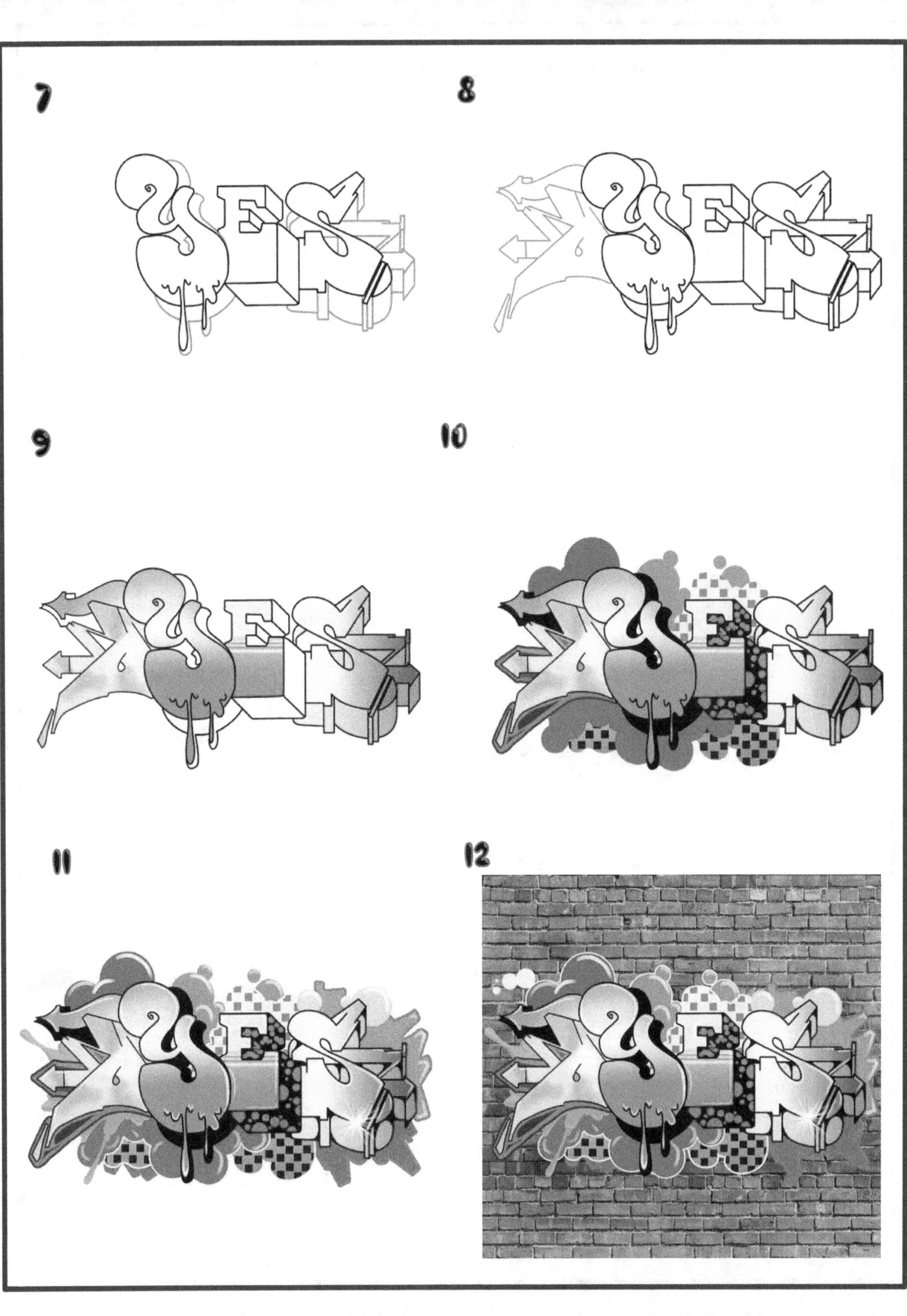

Machen Sie Ihre eigene Kunst

1

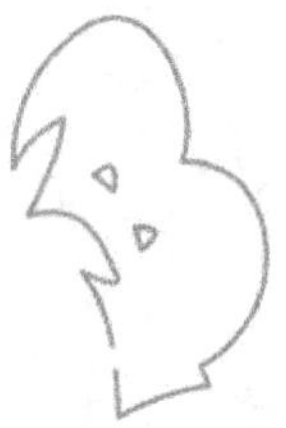

2

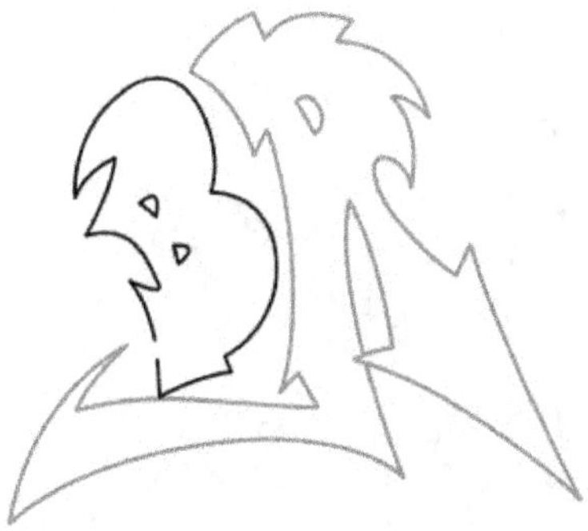

3

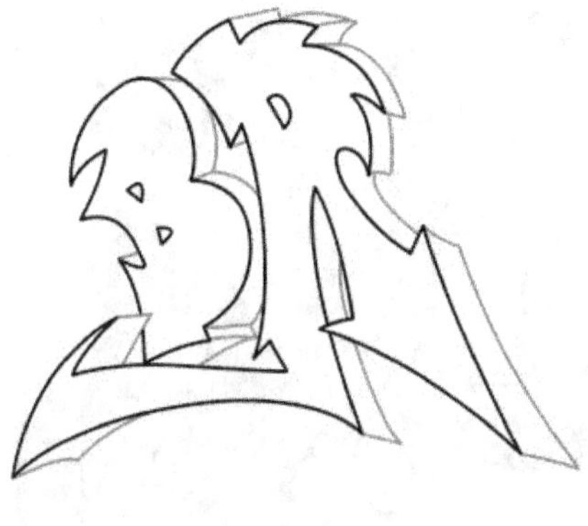

4

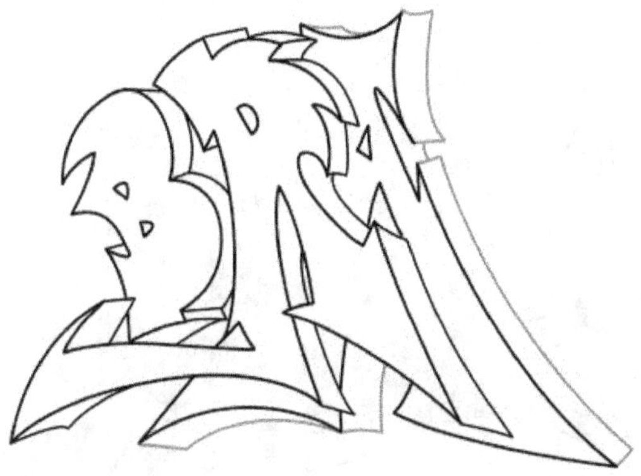

5

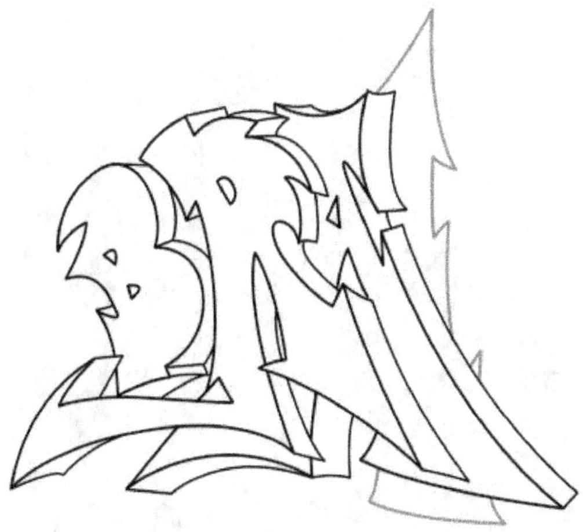

6

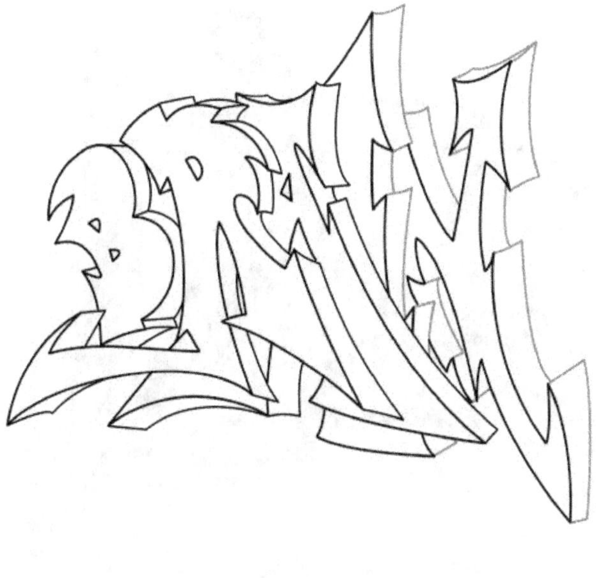

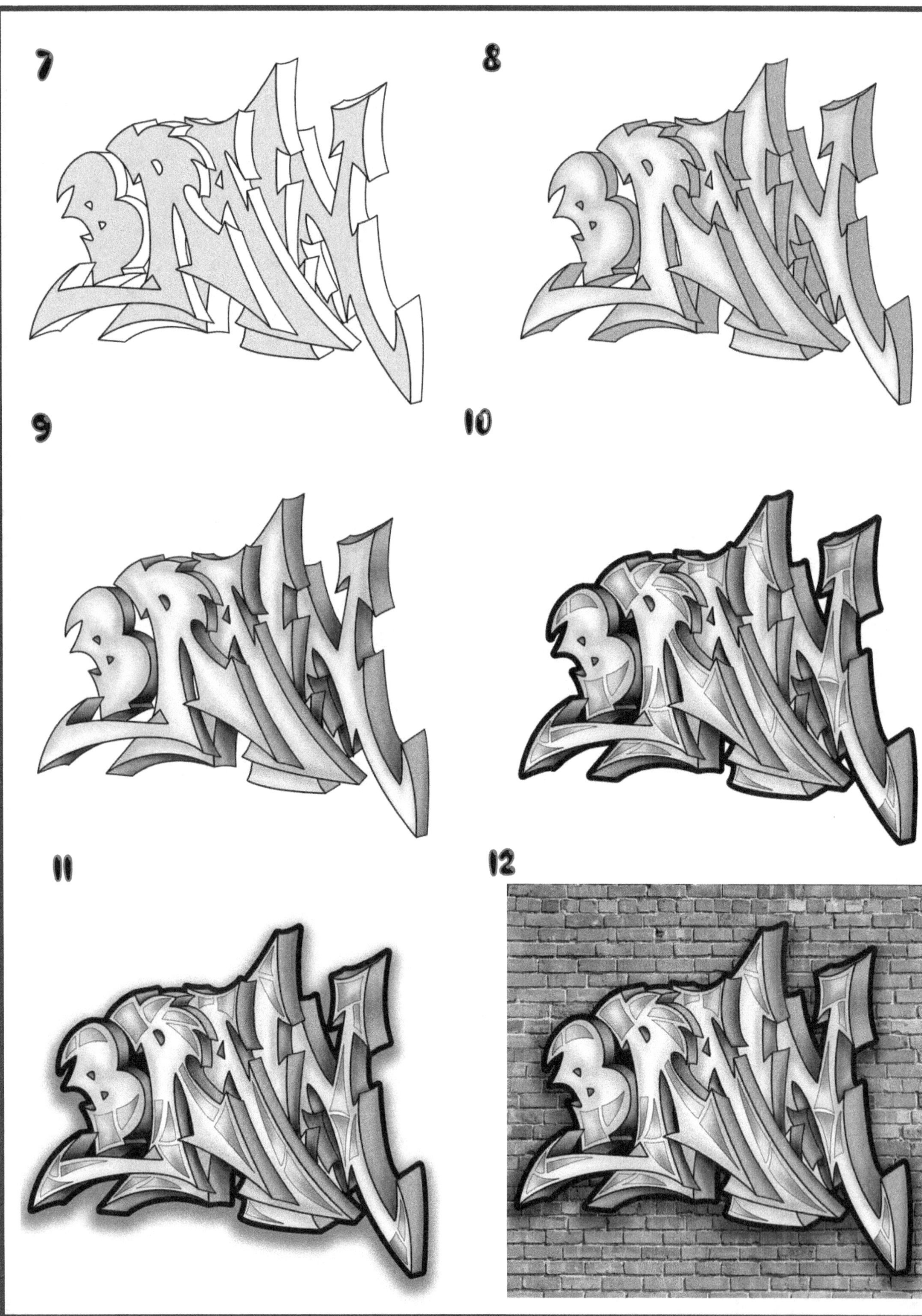
7
8
9
10
11
12

Machen Sie Ihre eigene Kunst

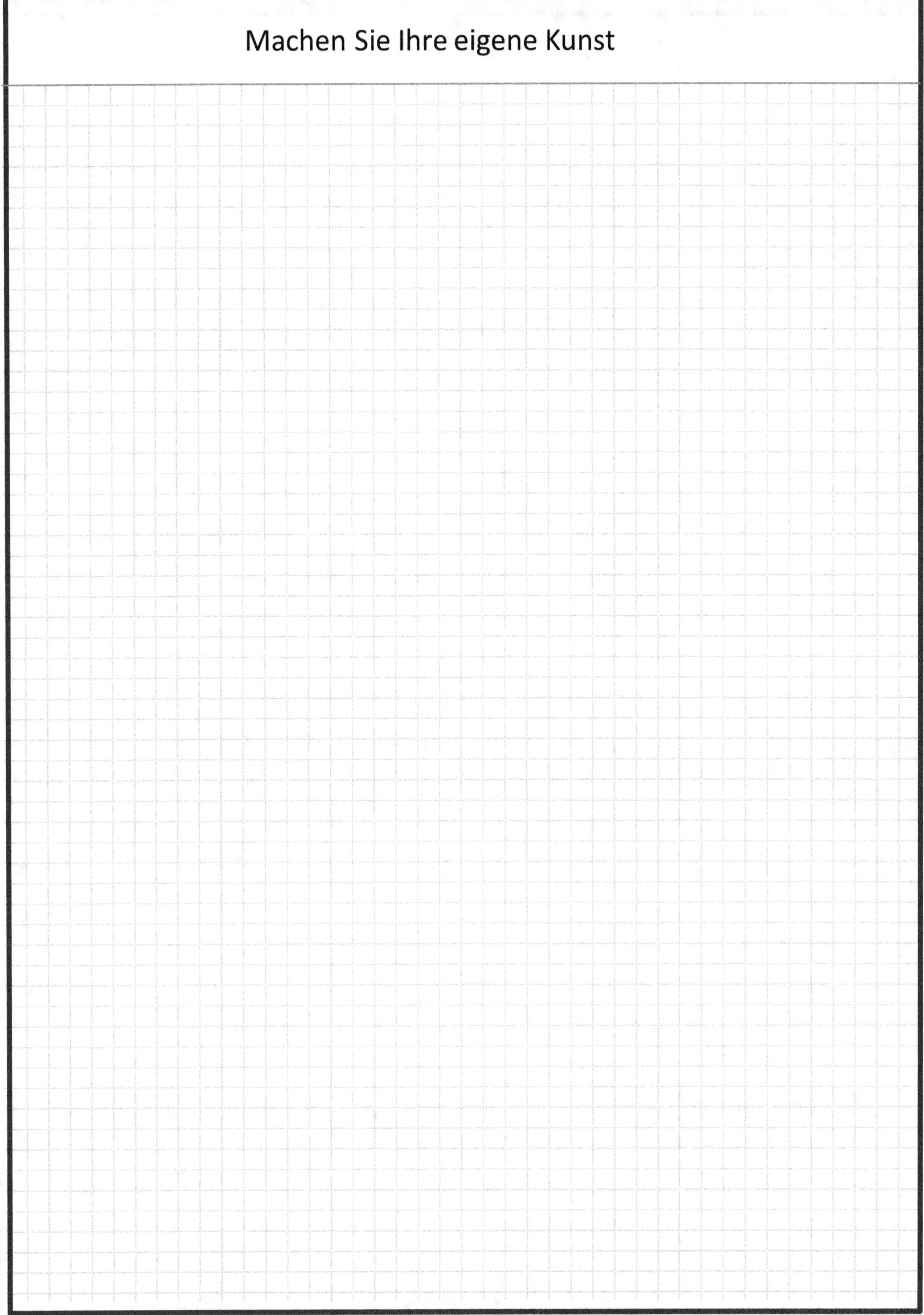

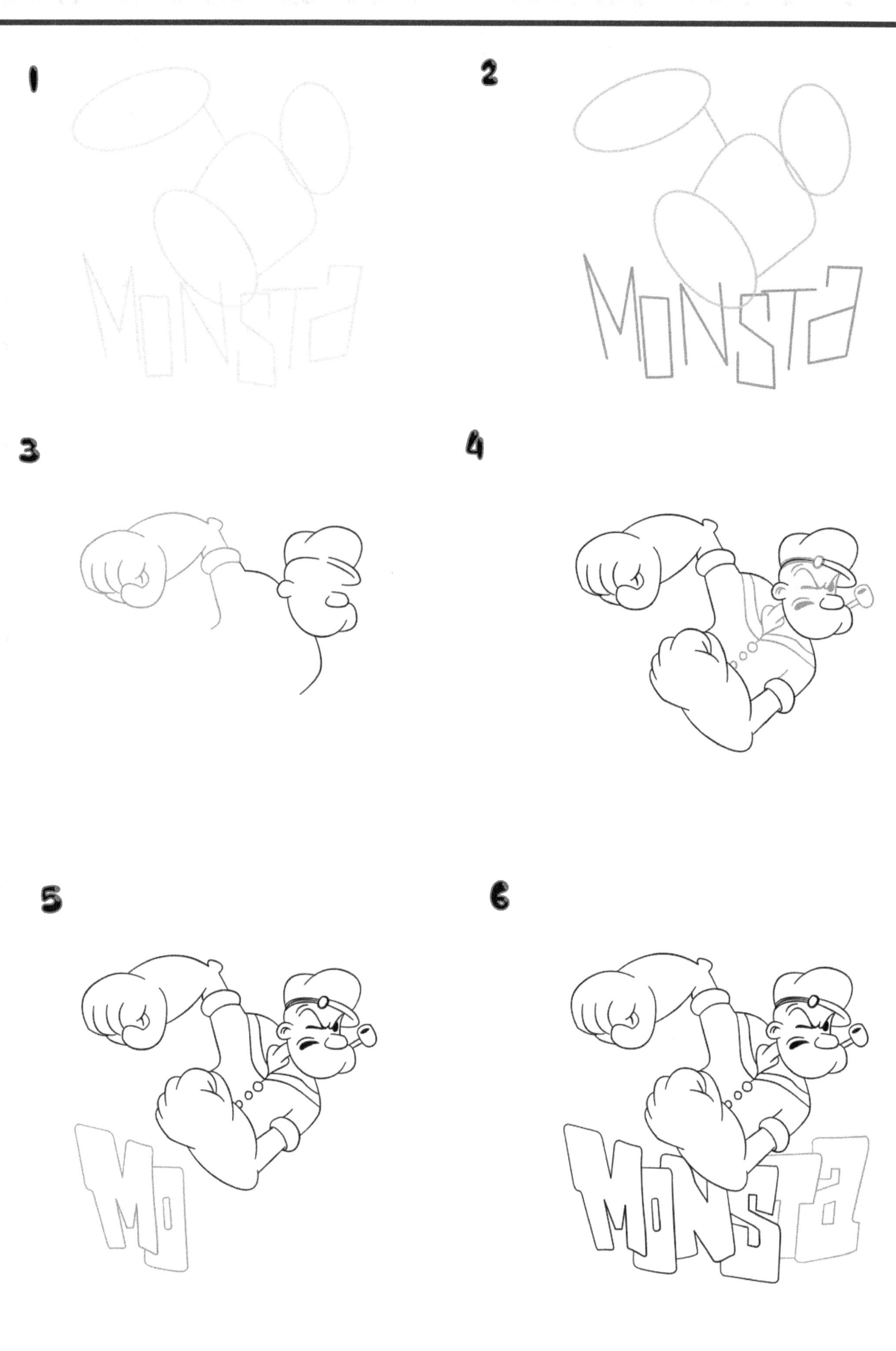

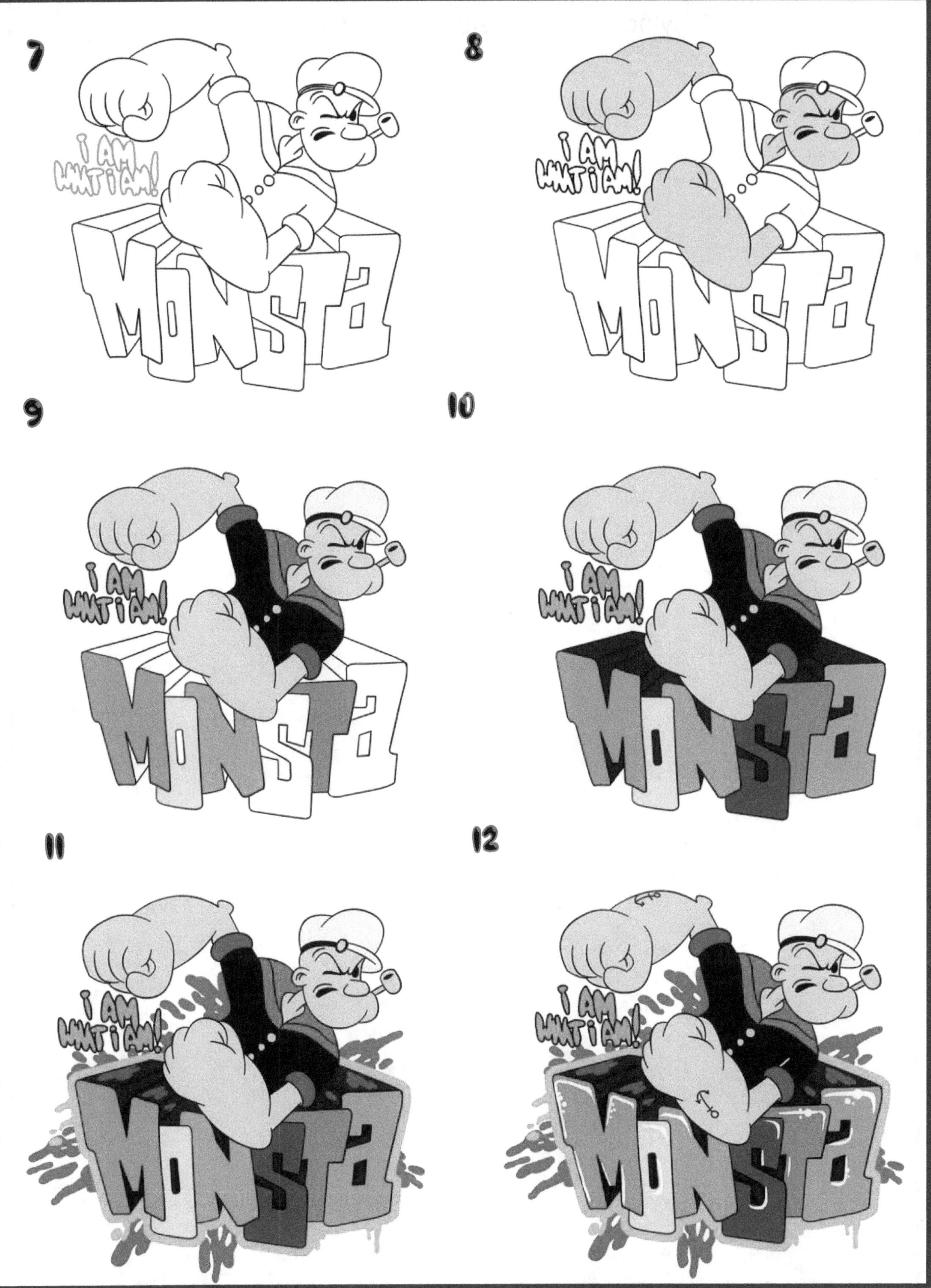

7
8
9
10
11
12
i AM
WHUT i AM!
MONSTa

Machen Sie Ihre eigene Kunst

1

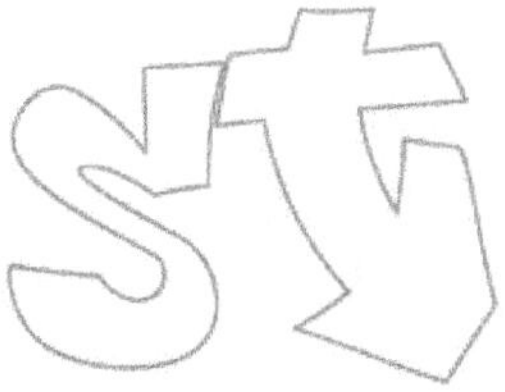

2

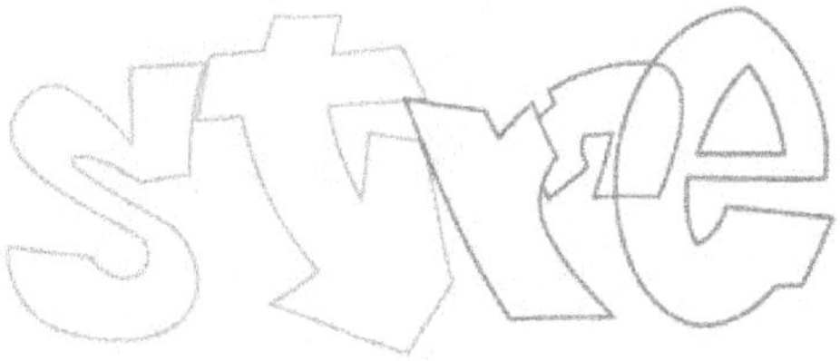

3

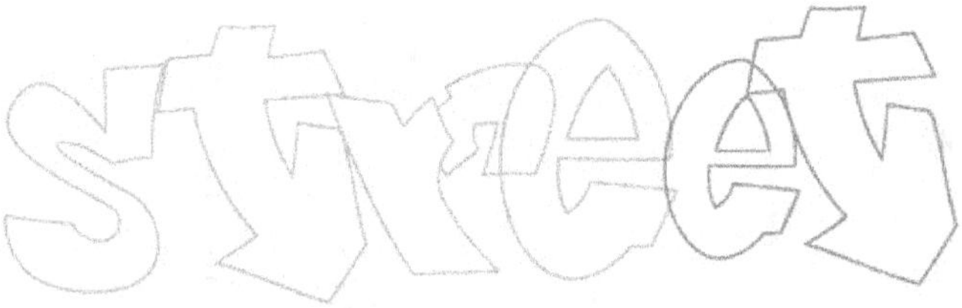

4

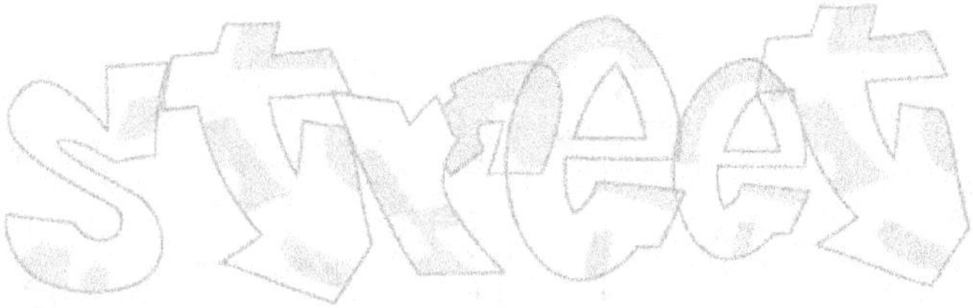

5

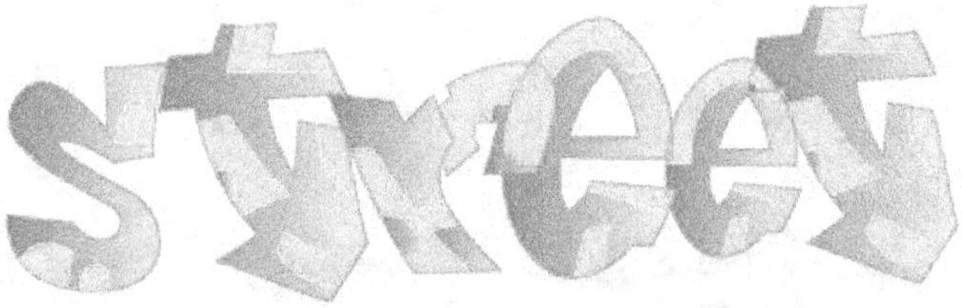

6

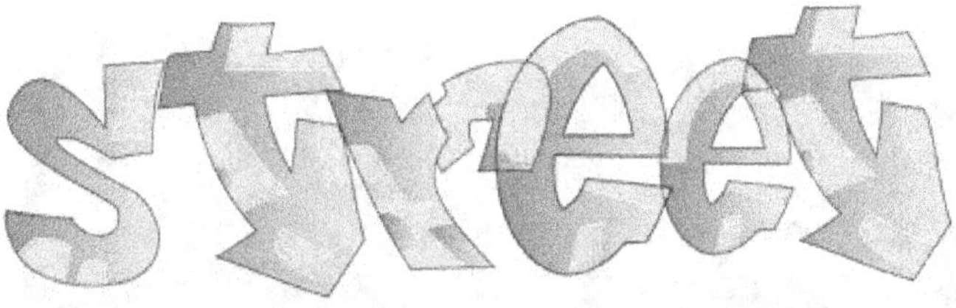

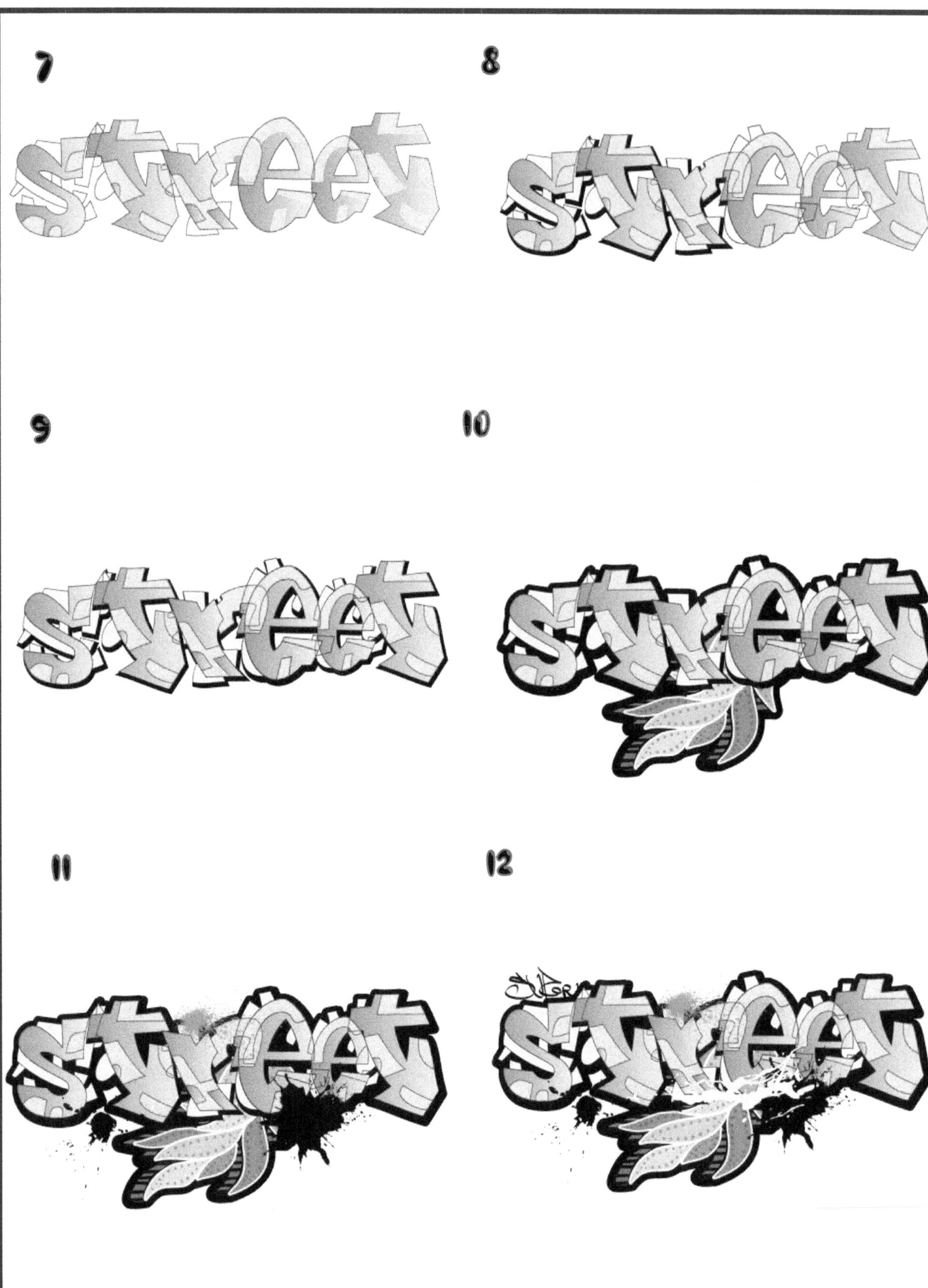
7
8
9
10
11
12

Machen Sie Ihre eigene Kunst

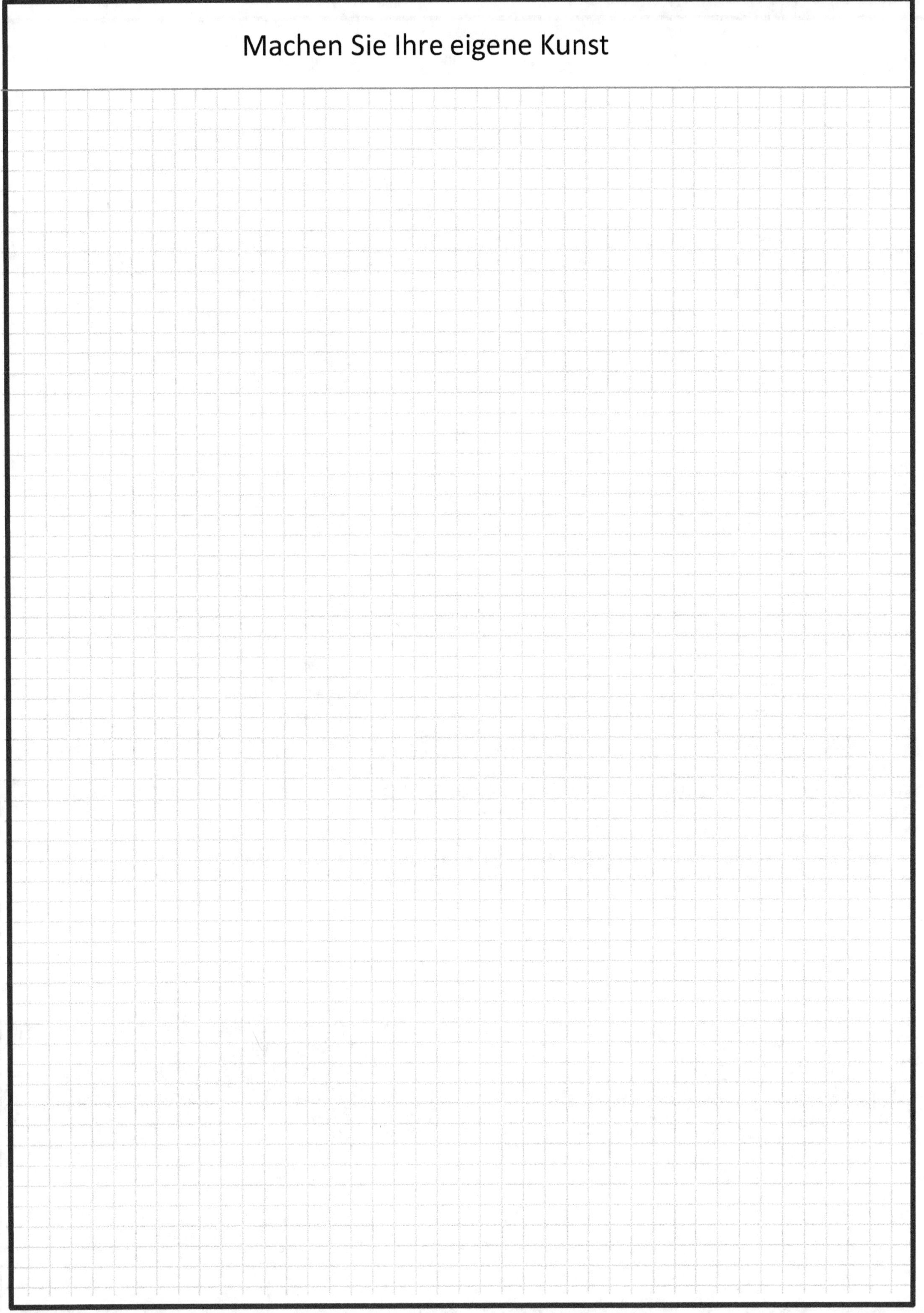

Machen Sie Ihre eigene Kunst

1

2

3

4

5

6

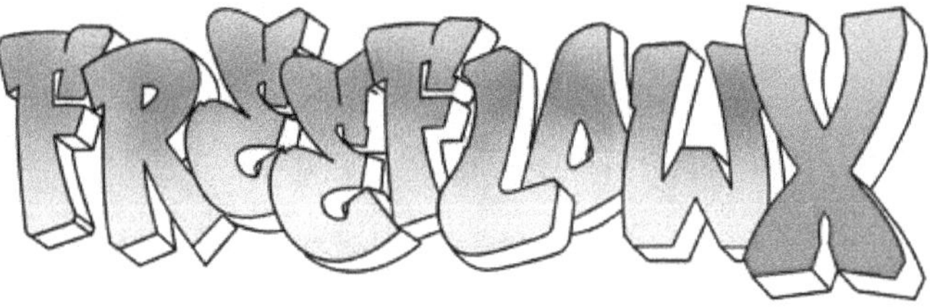

7

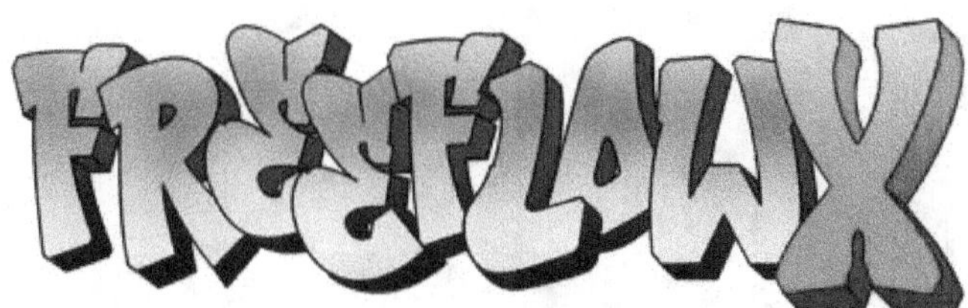

8

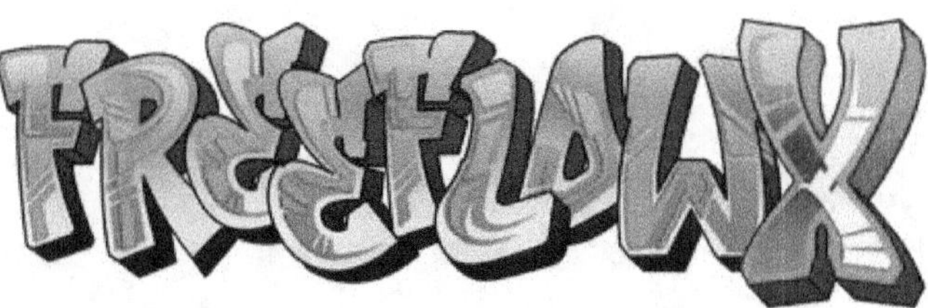

9

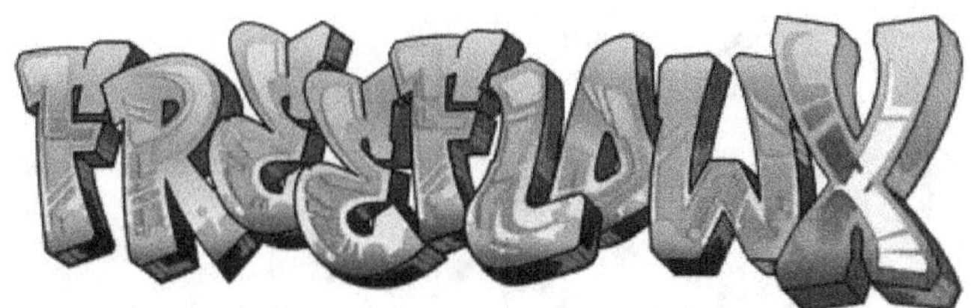

10

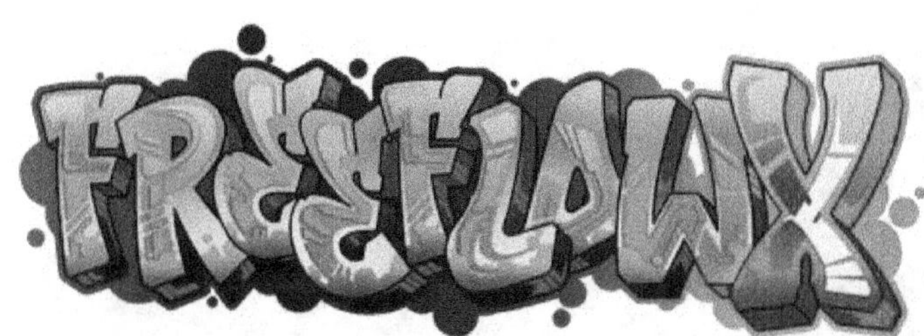

11

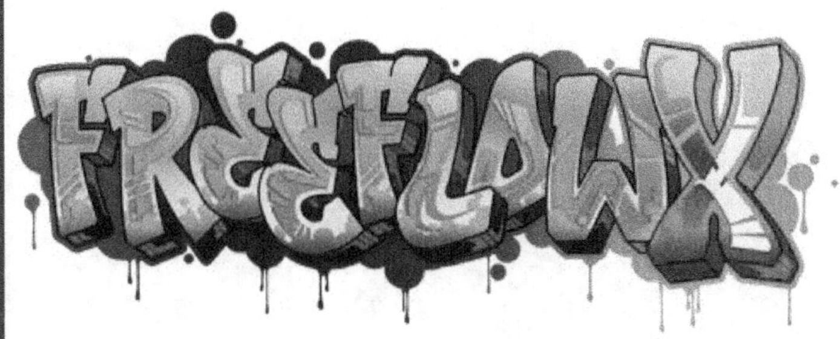

12

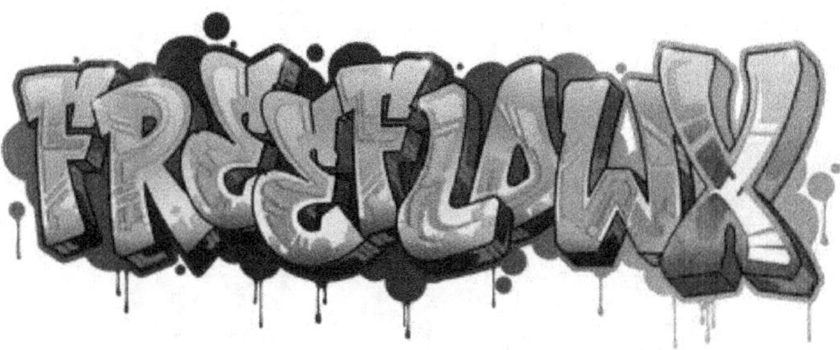

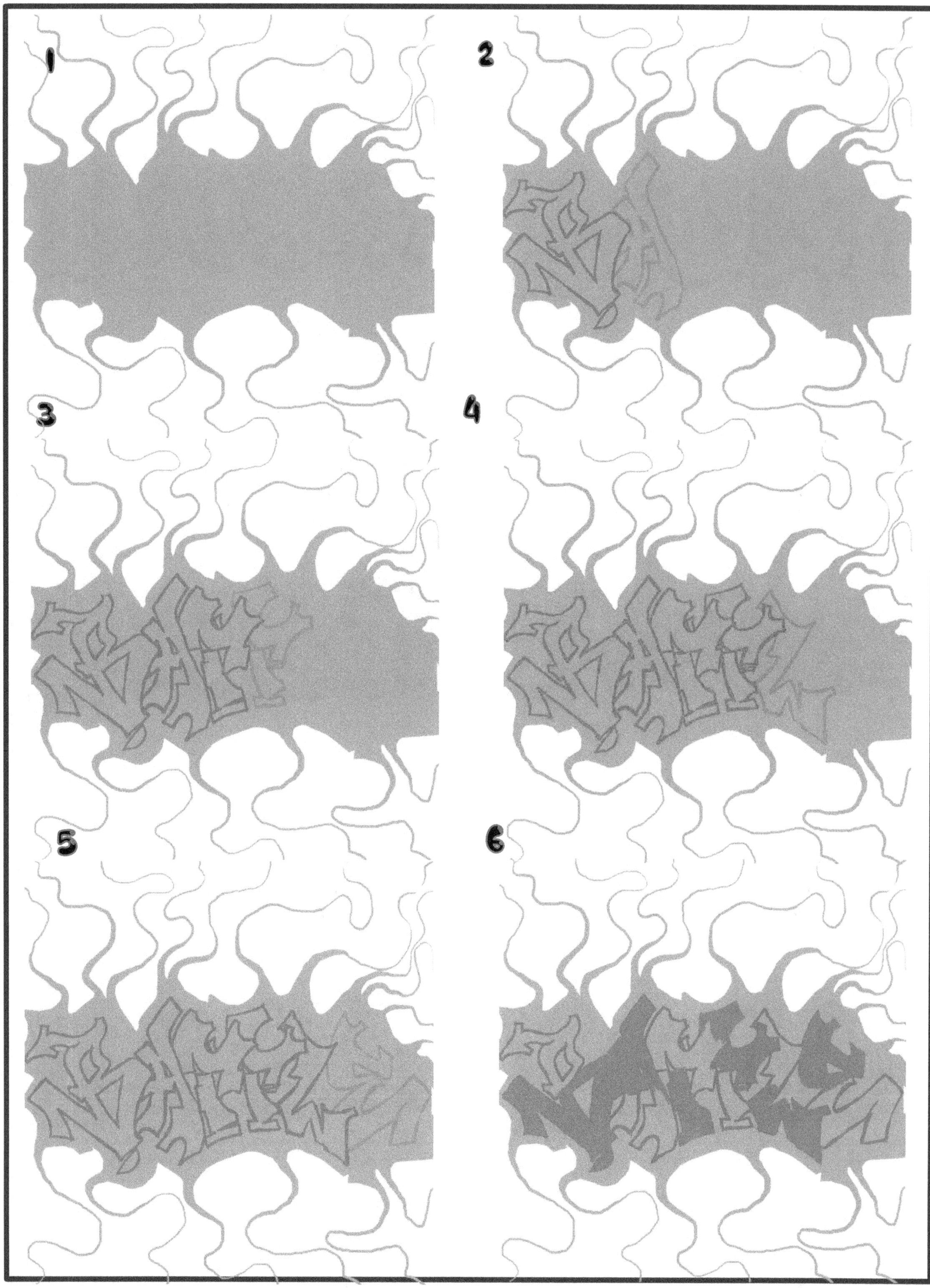

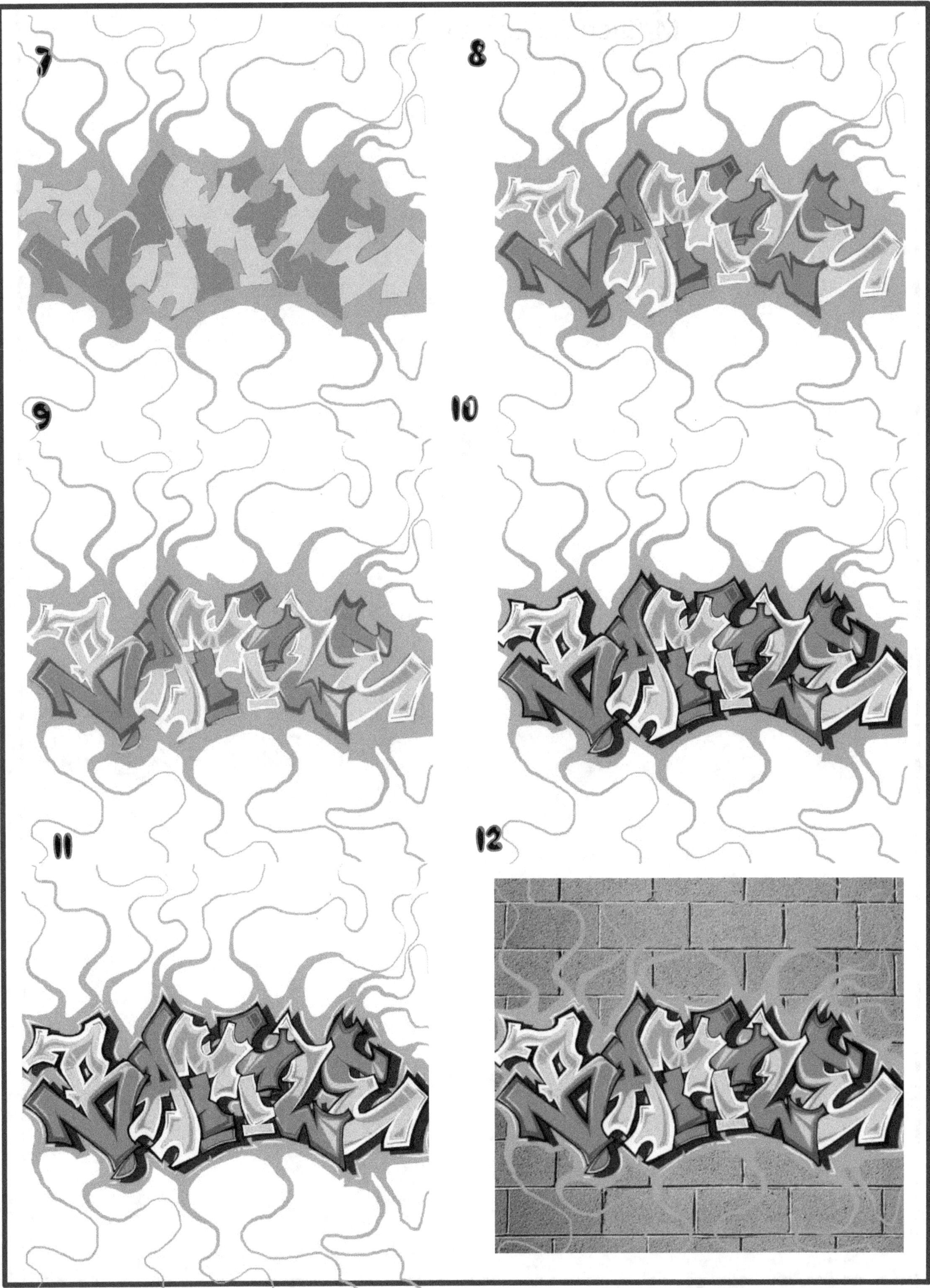

7
8
9
10
11
12

Machen Sie Ihre eigene Kunst

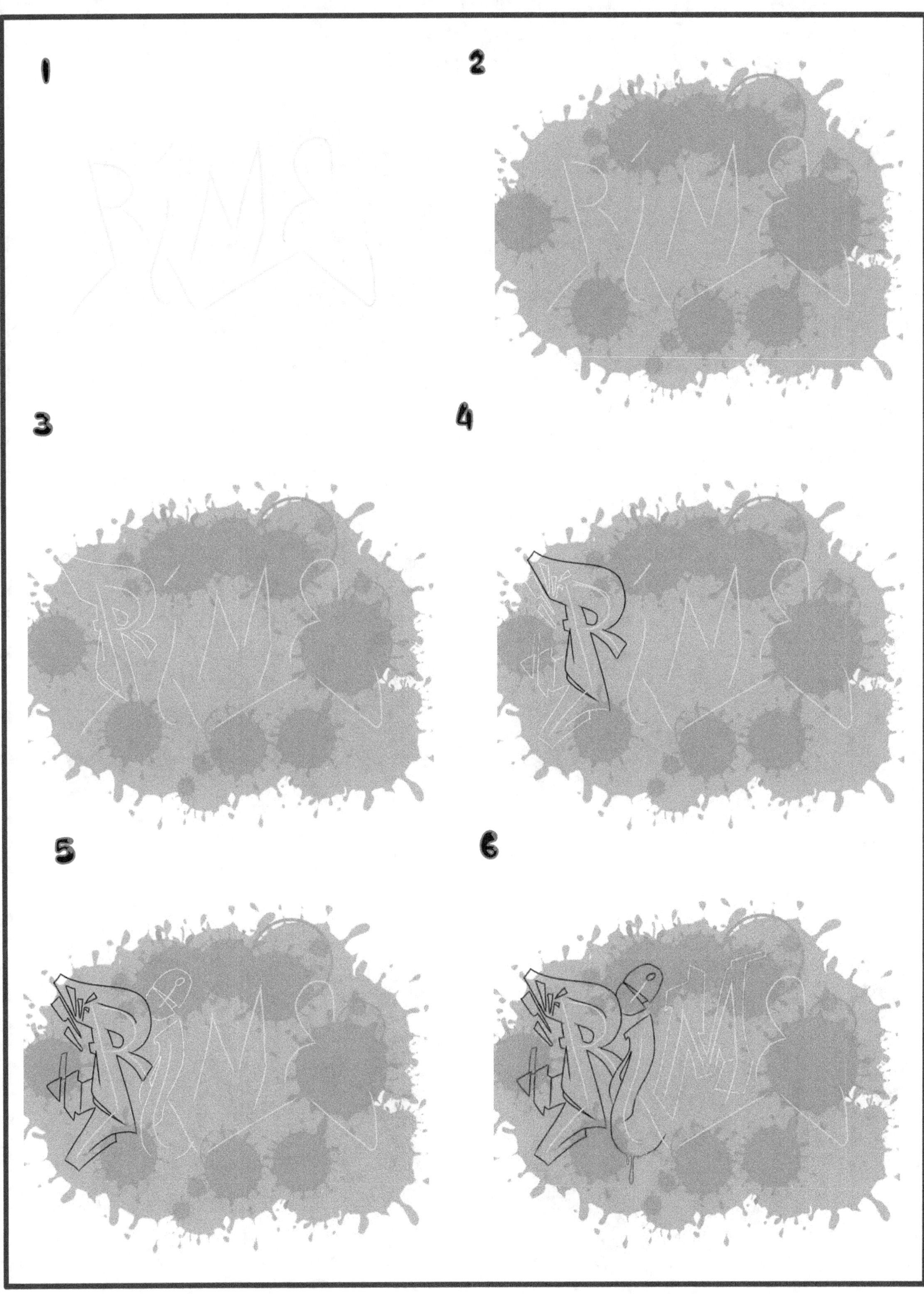

1
2
3
4
5
6

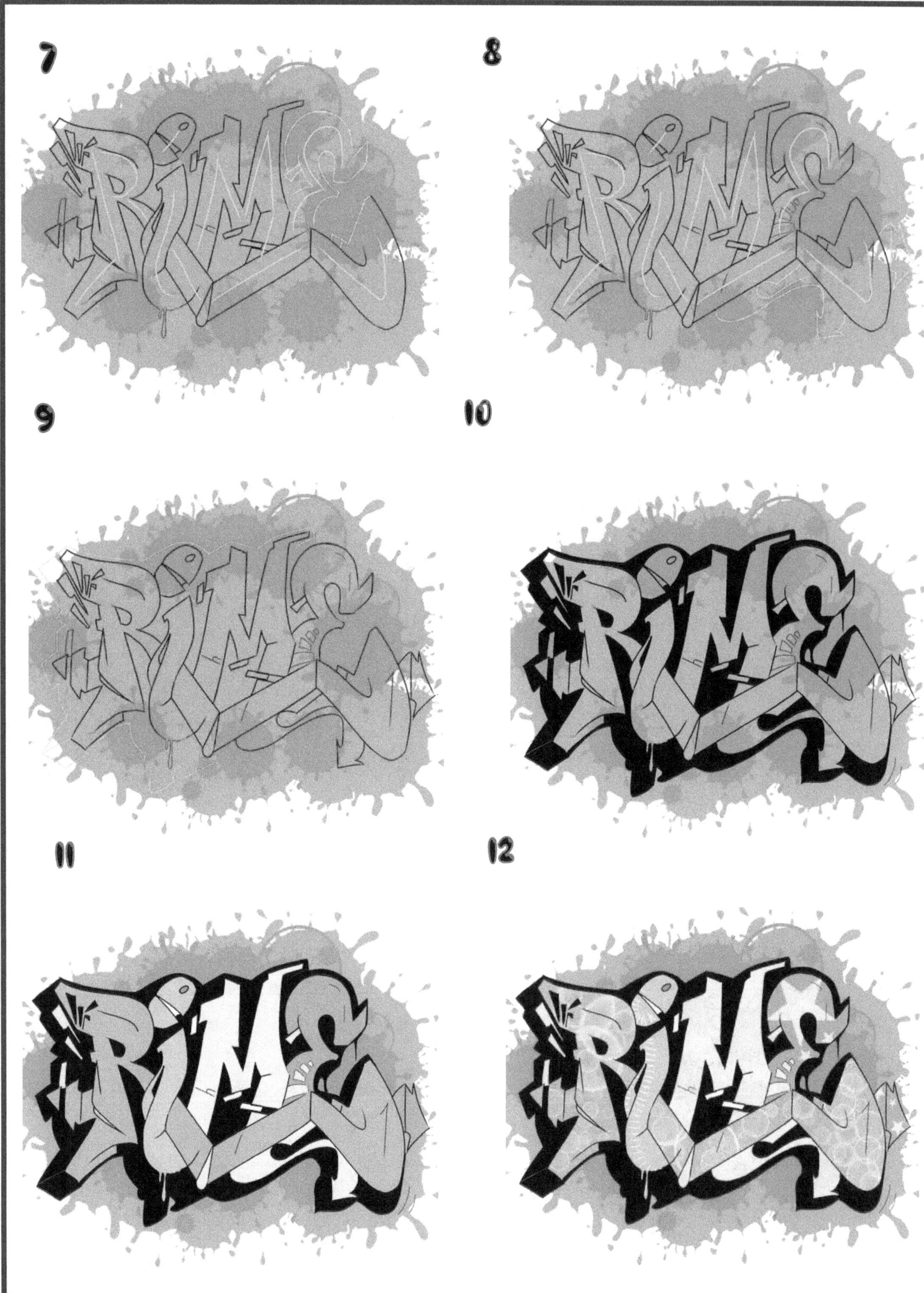

7
8
9
10
11
12

Machen Sie Ihre eigene Kunst

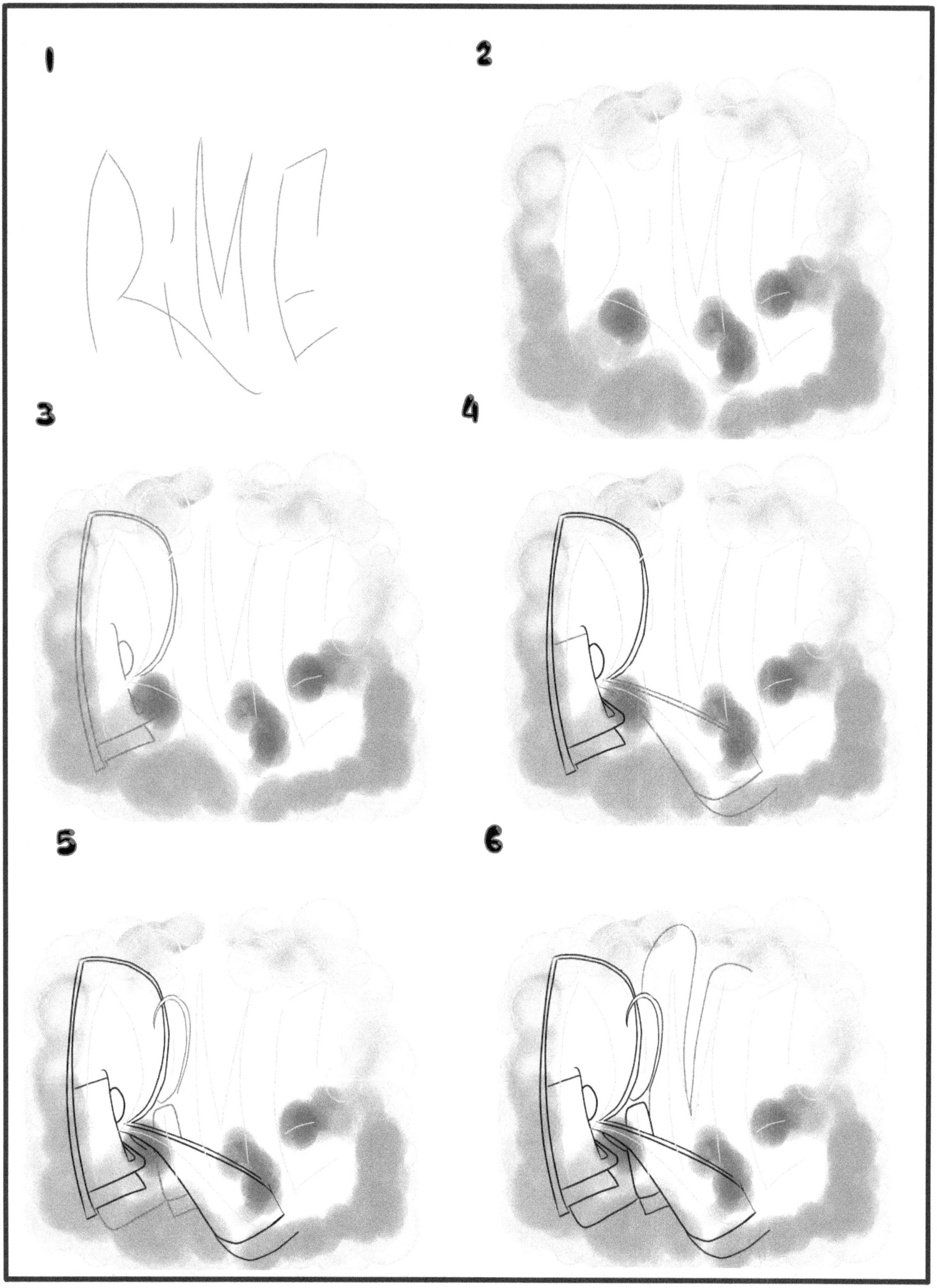

RIME

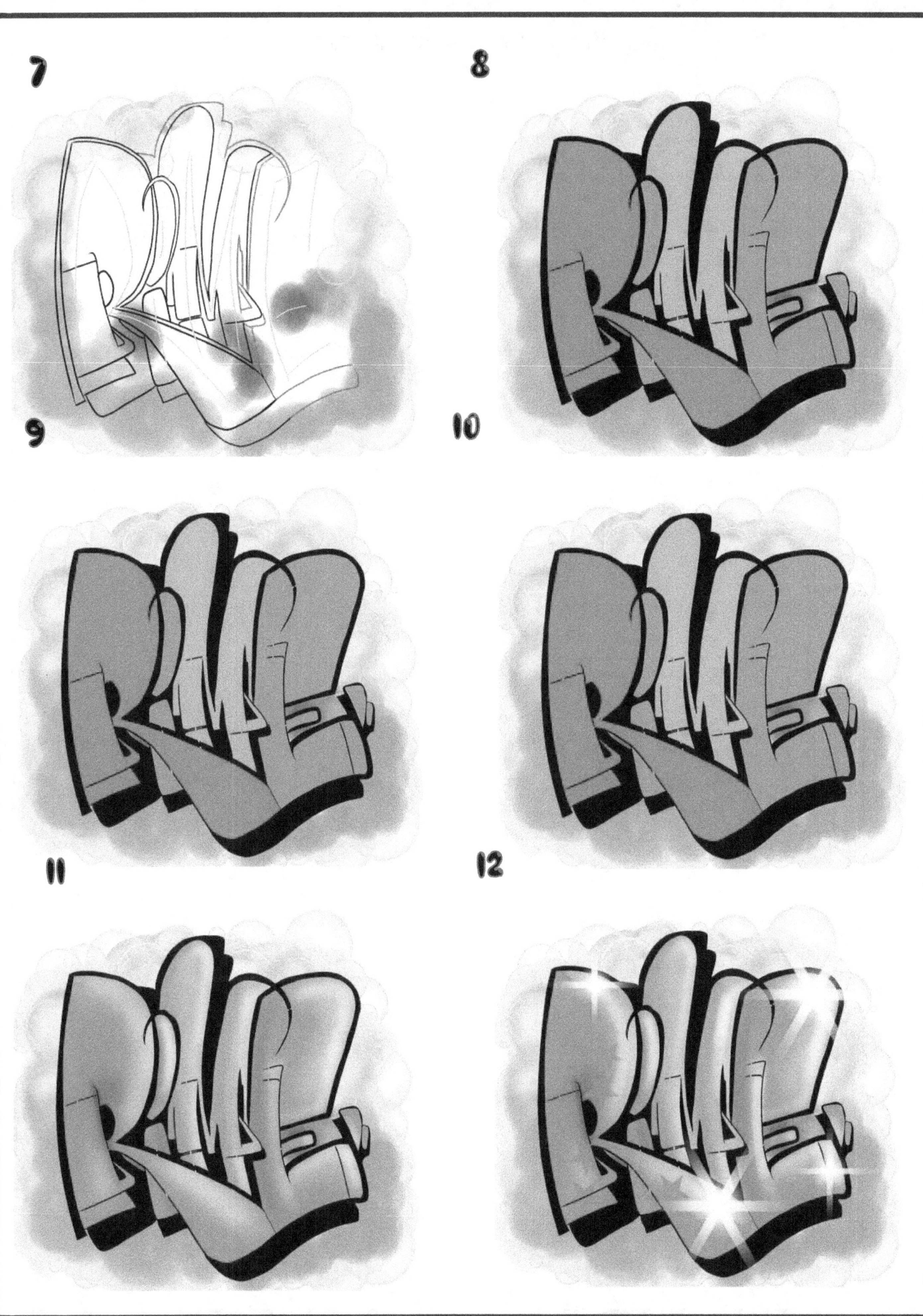

Machen Sie Ihre eigene Kunst

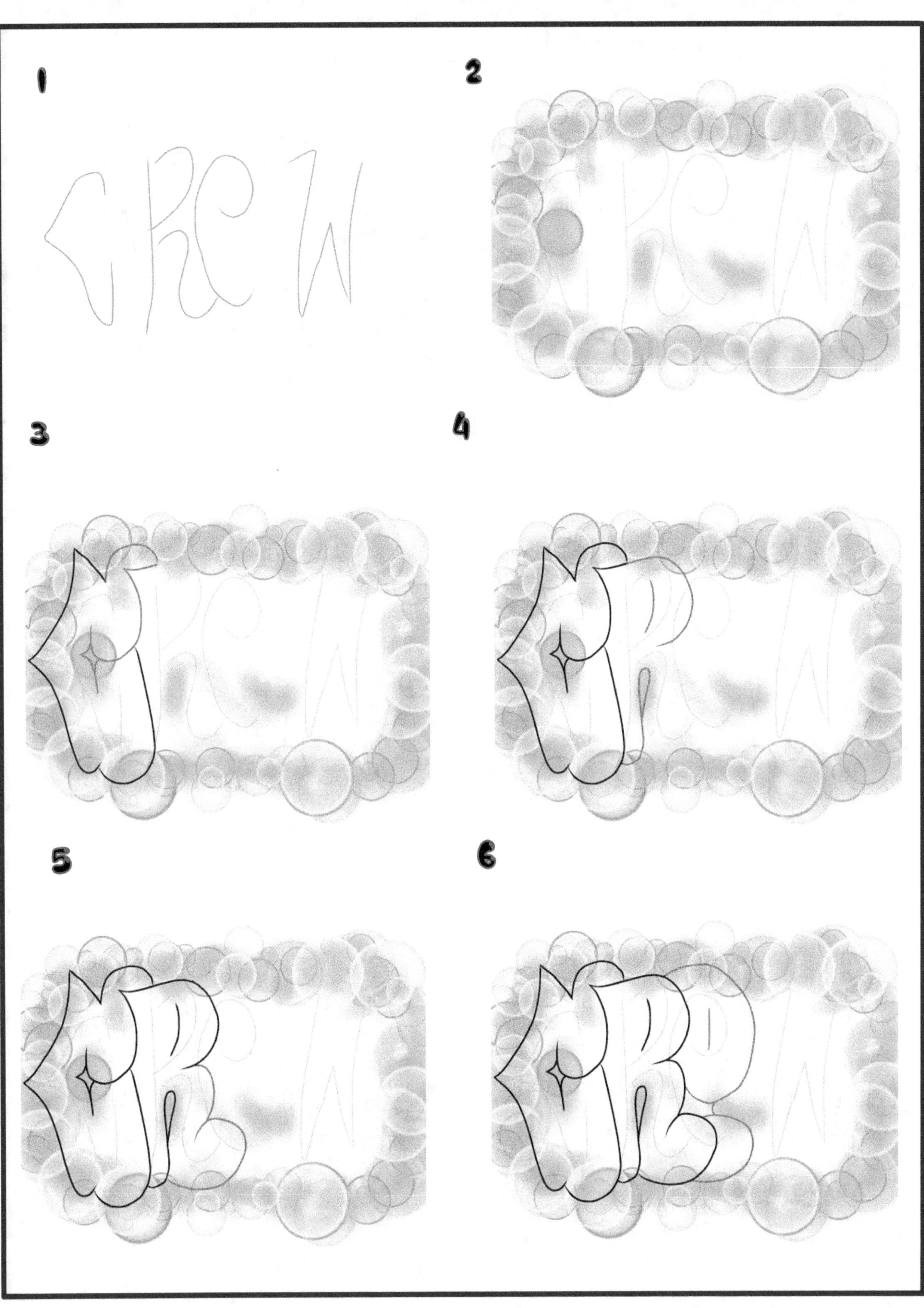

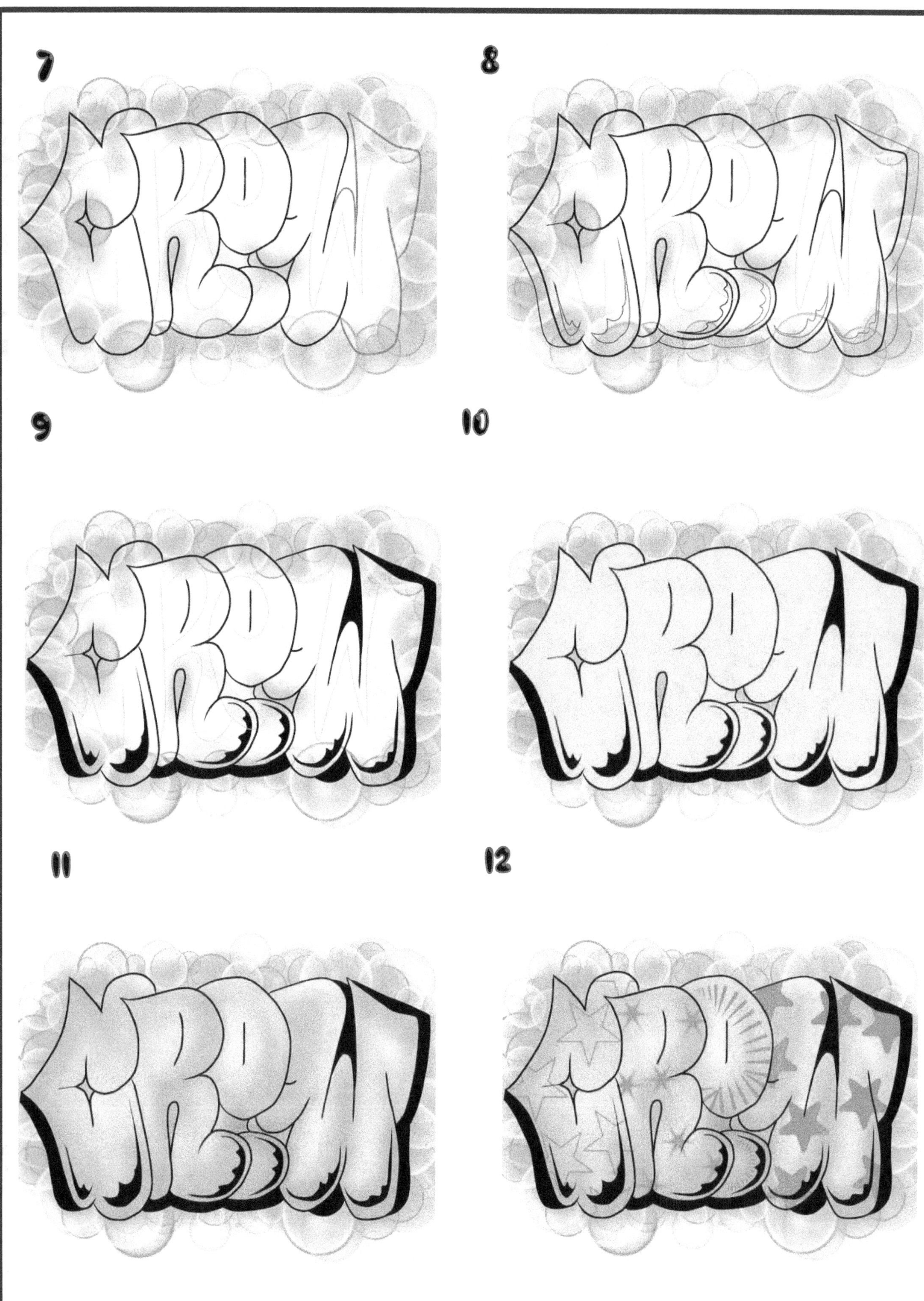

Machen Sie Ihre eigene Kunst

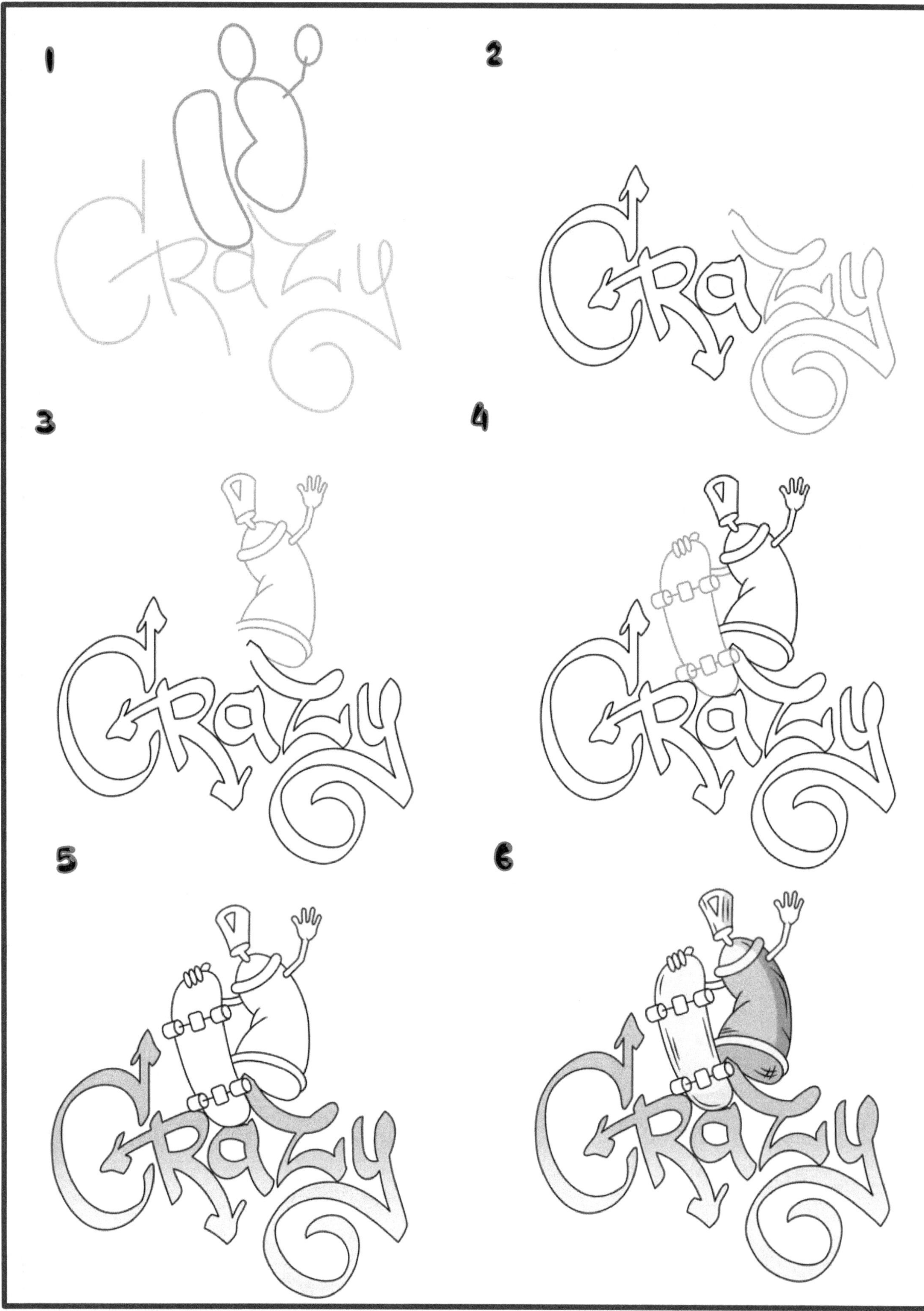

1

2

3

4

5

6

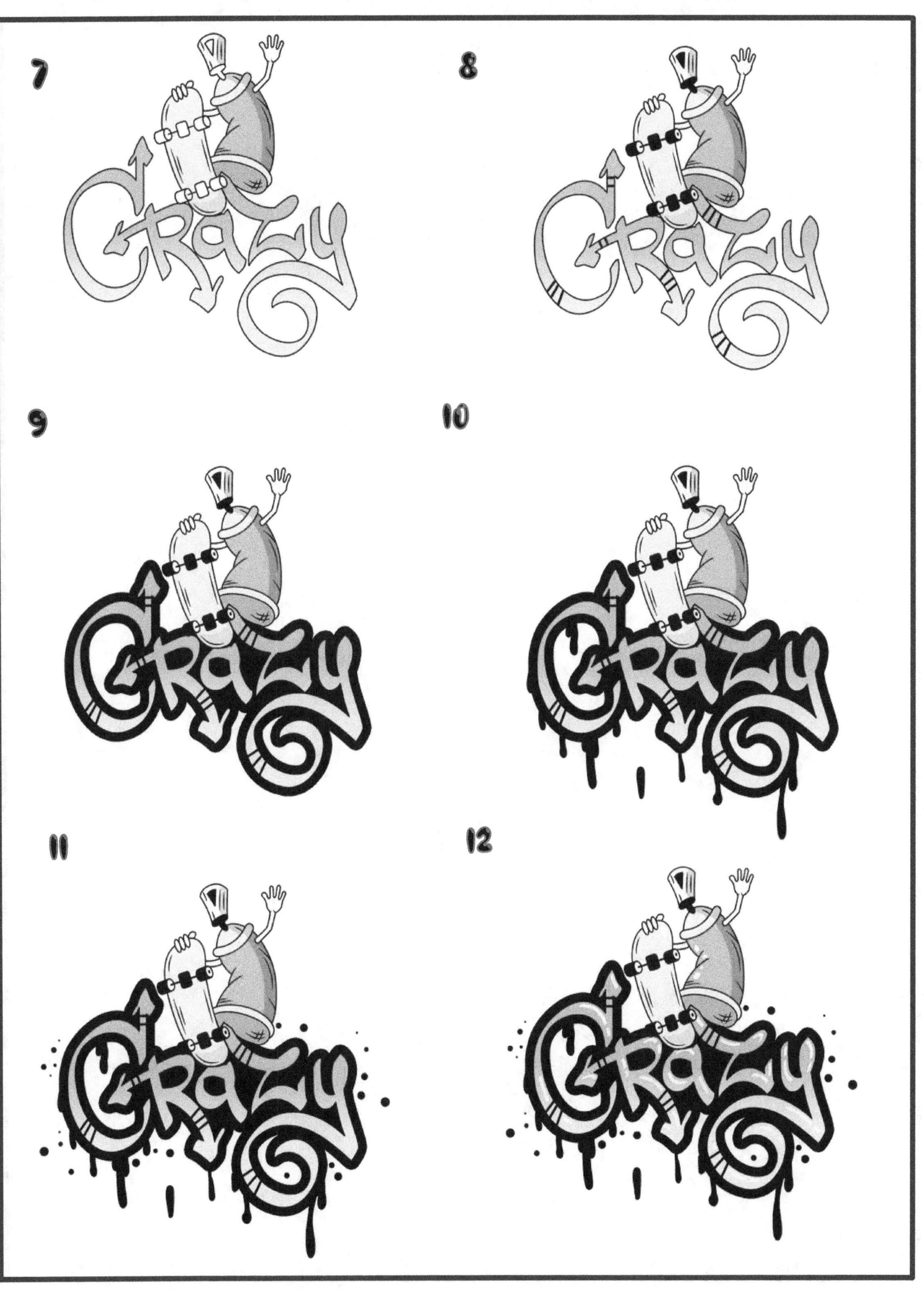

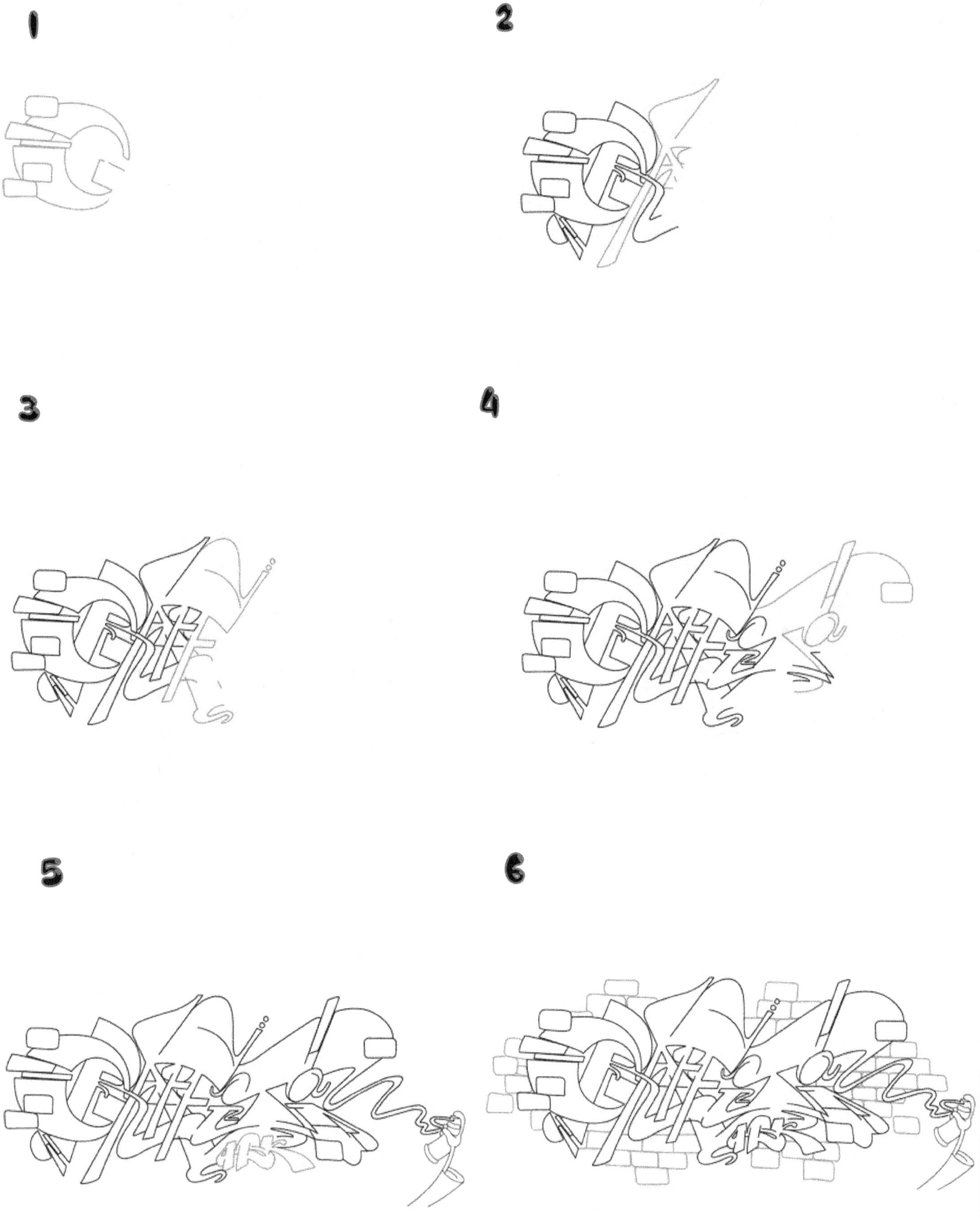

1

2

3

4

5

6

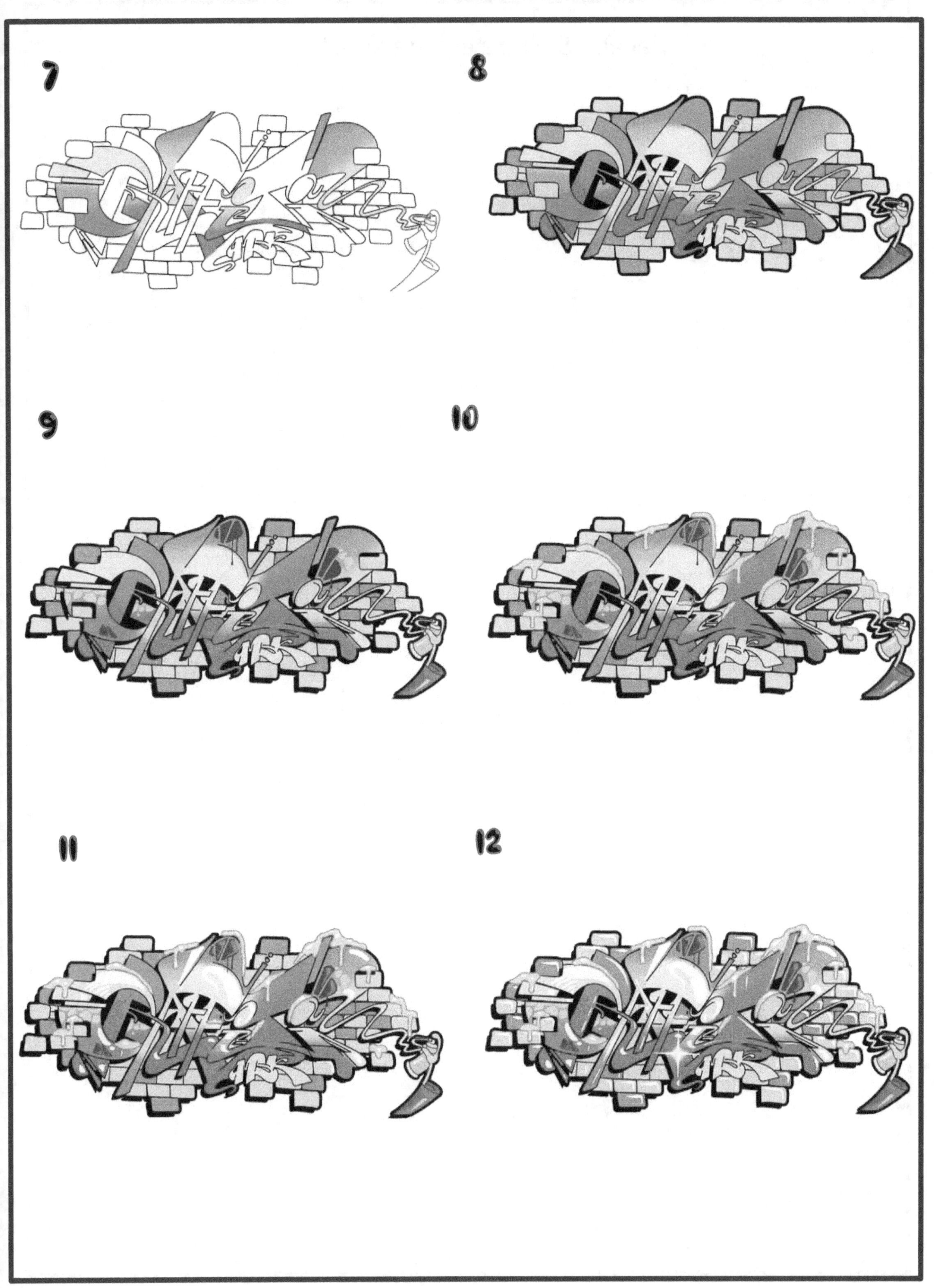

7
8
9
10
11
12

Machen Sie Ihre eigene Kunst

1

2

3

4

5

6

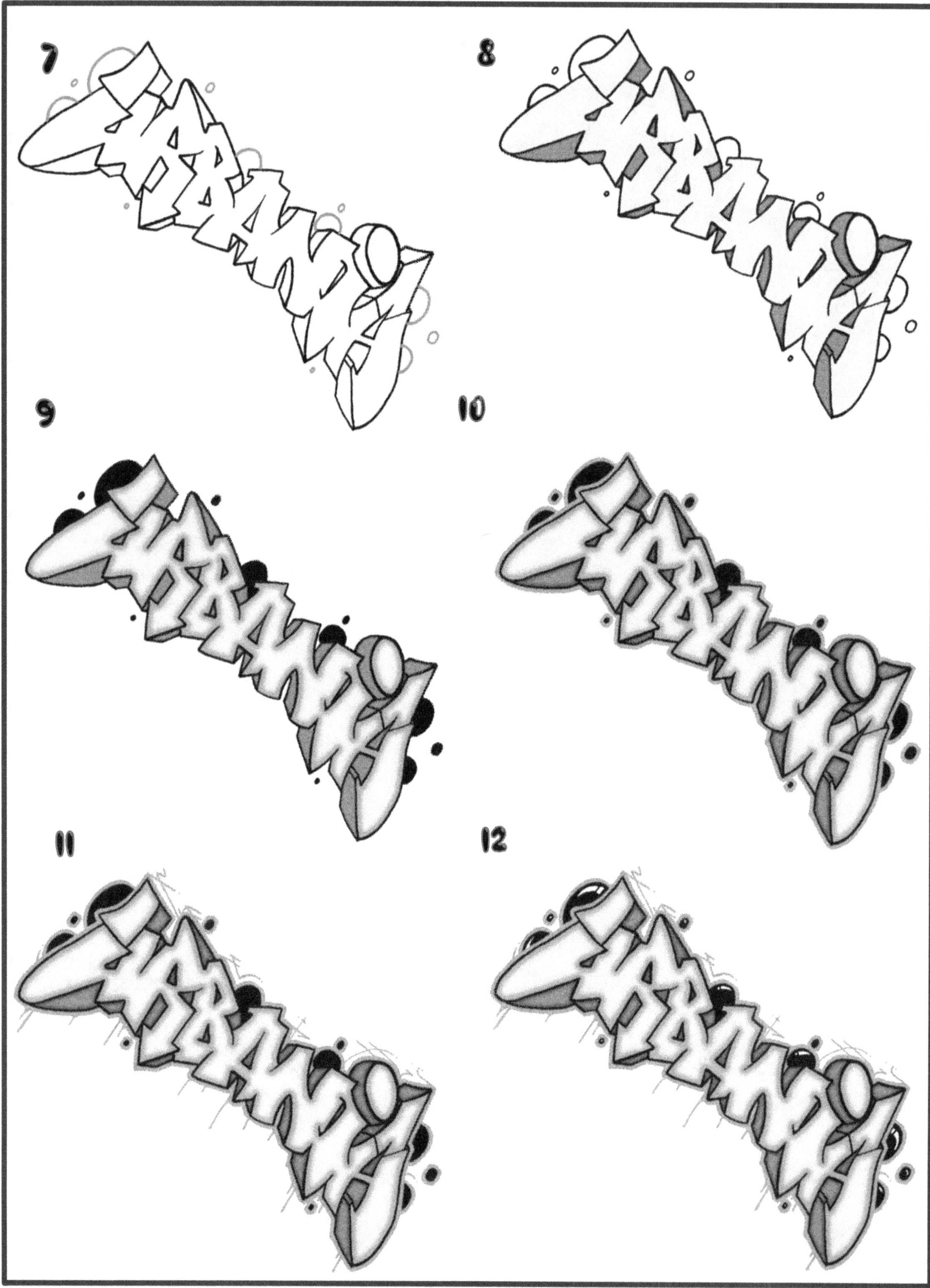

7
8
9
10
11
12

Machen Sie Ihre eigene Kunst

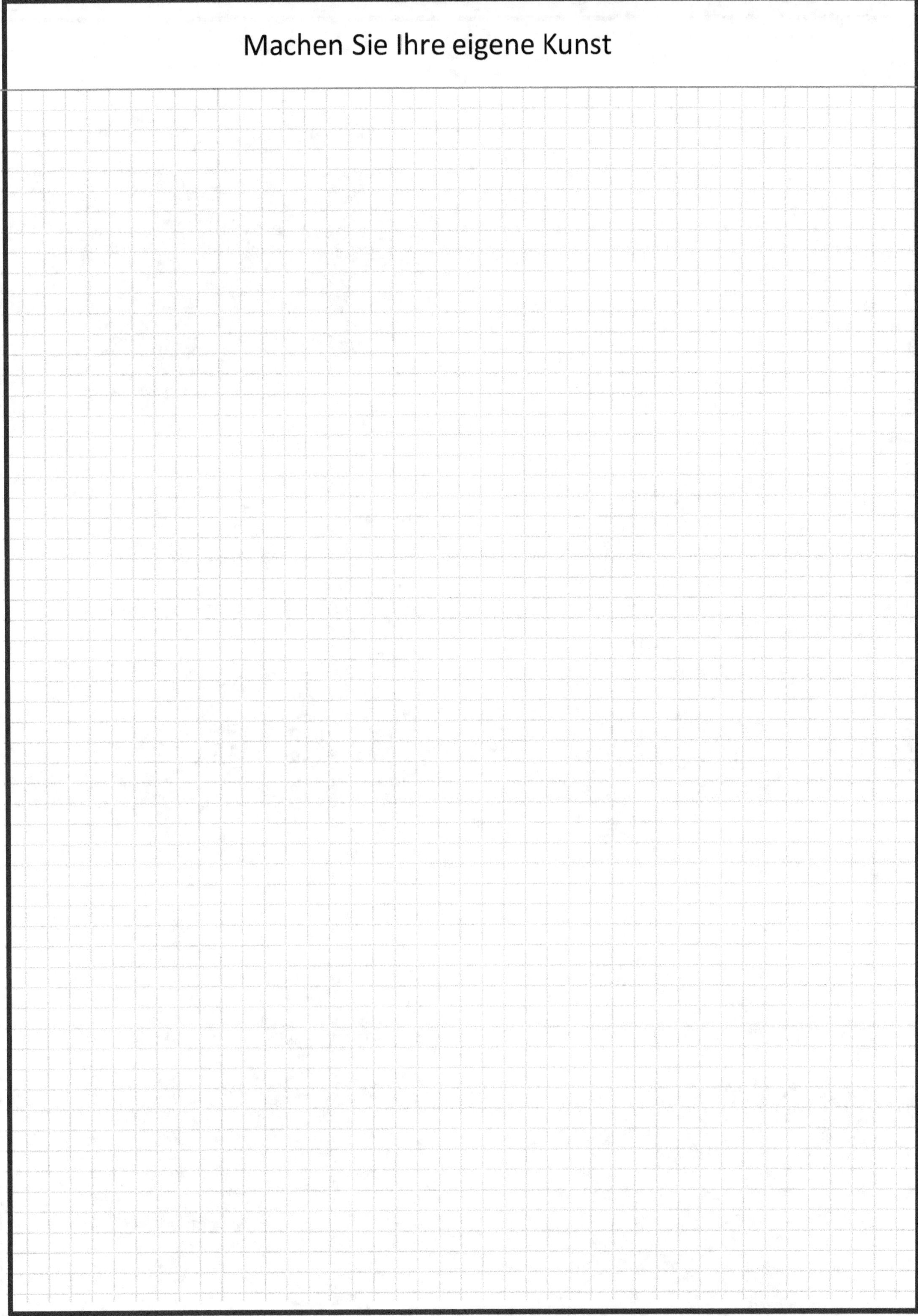

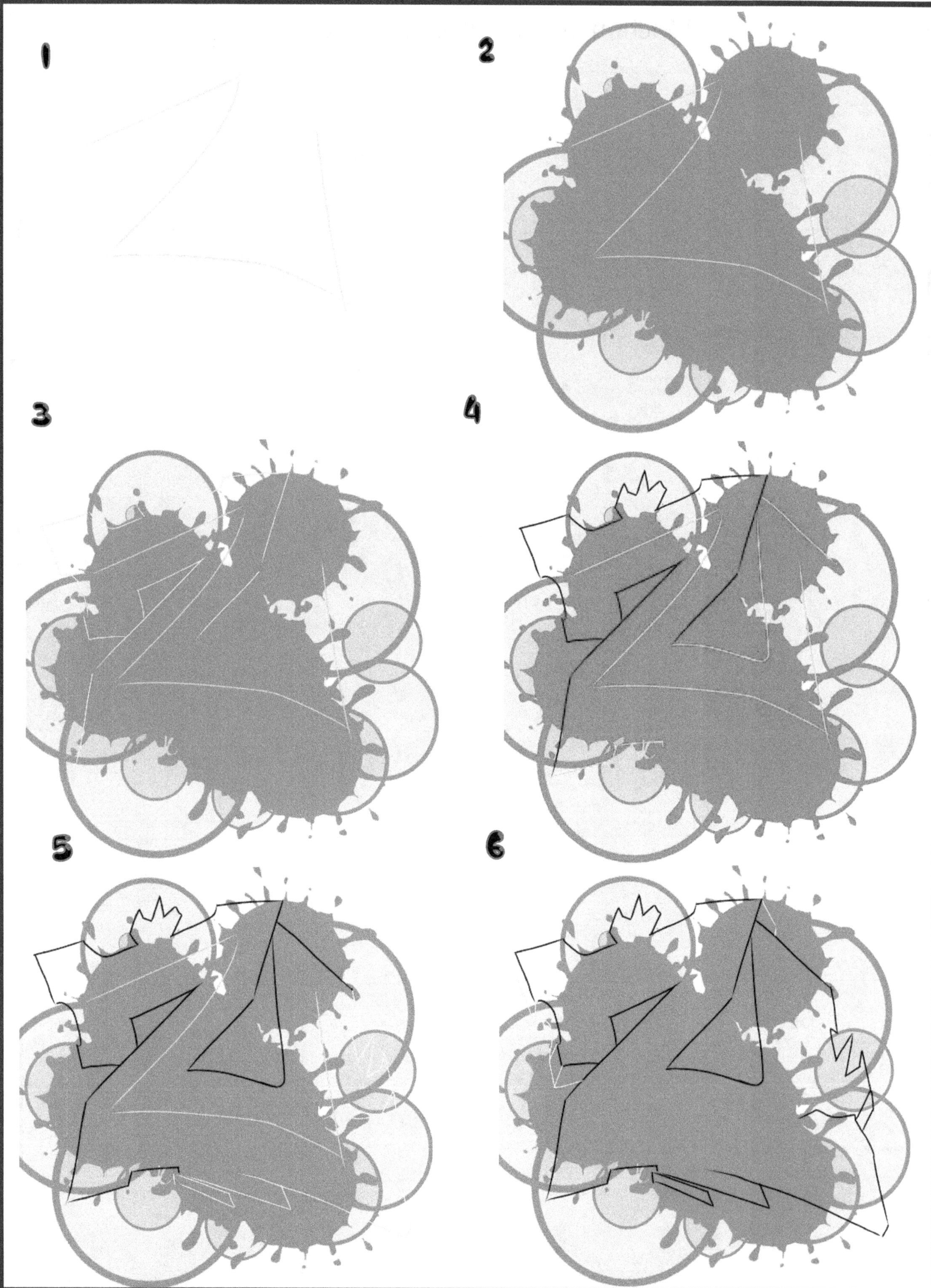

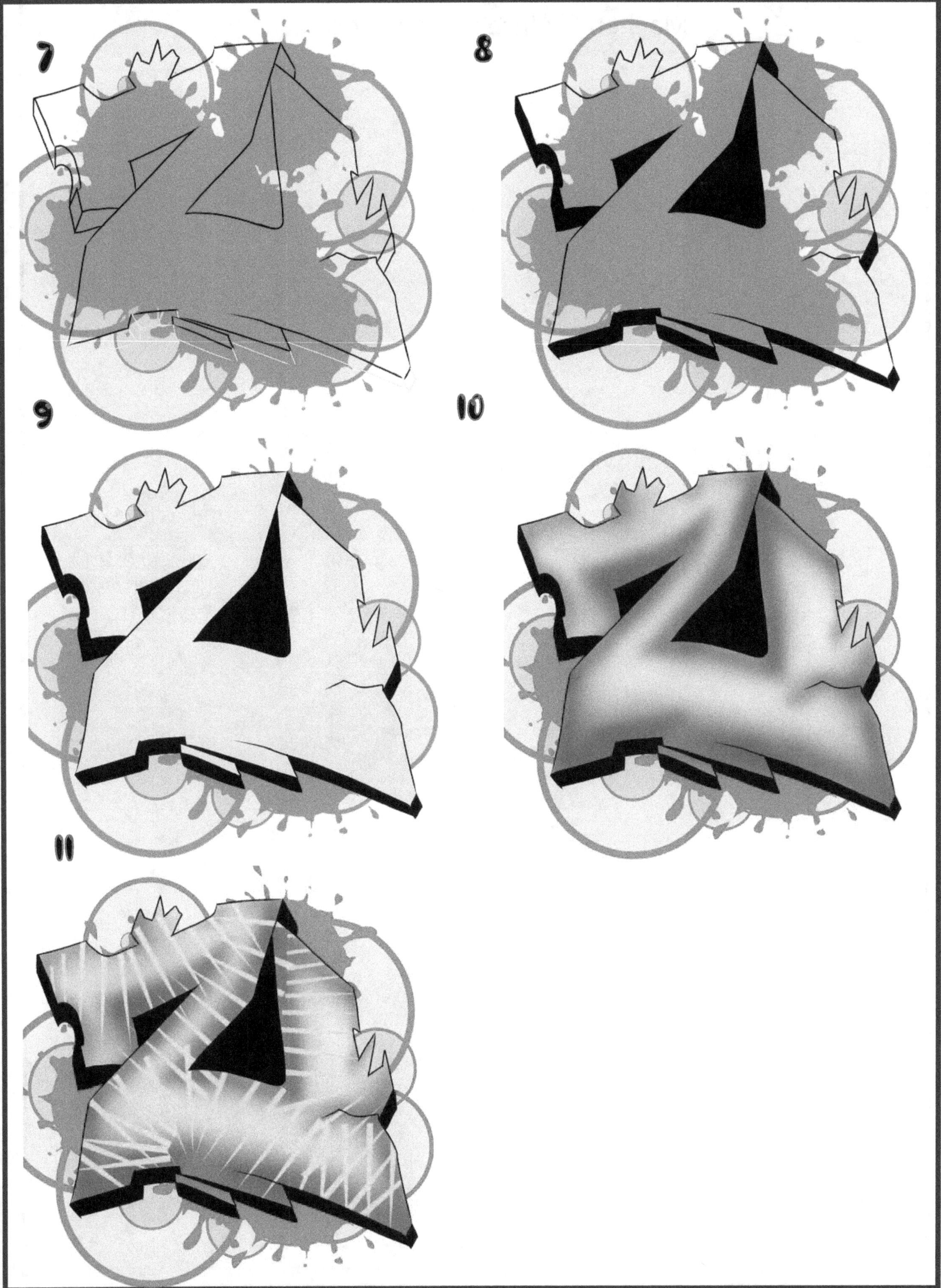

7
8
9
10
11

Machen Sie Ihre eigene Kunst

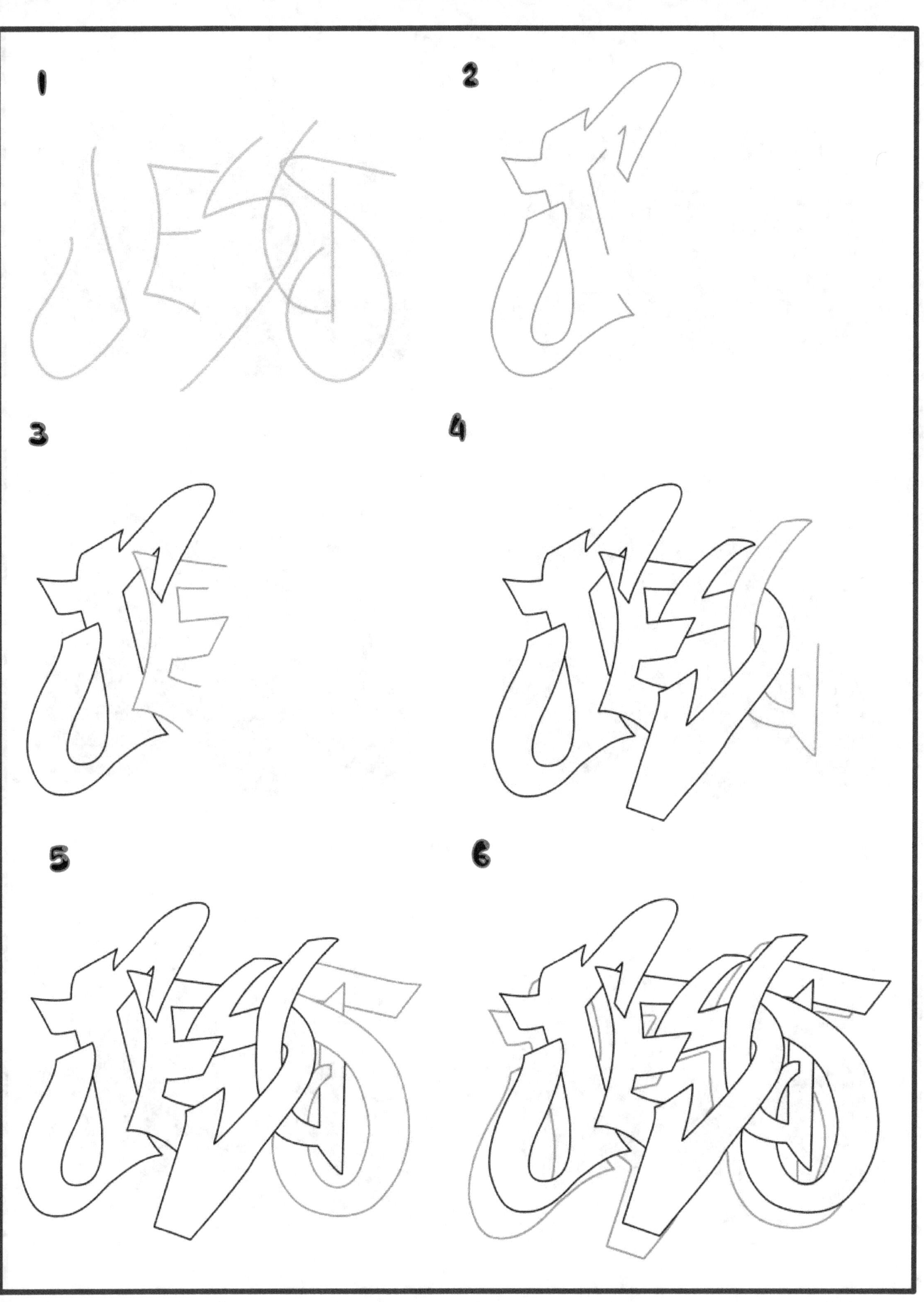

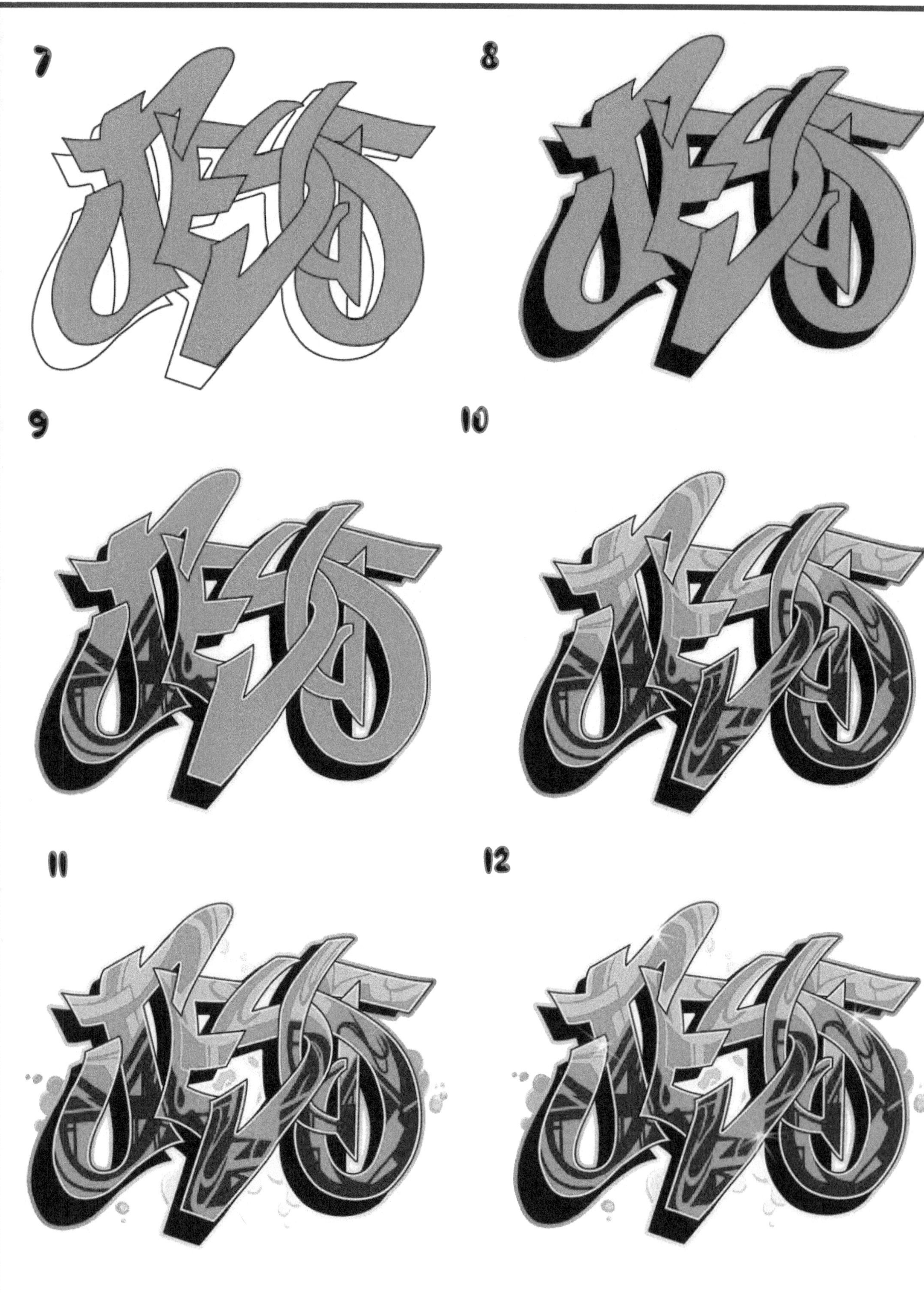

Machen Sie Ihre eigene Kunst

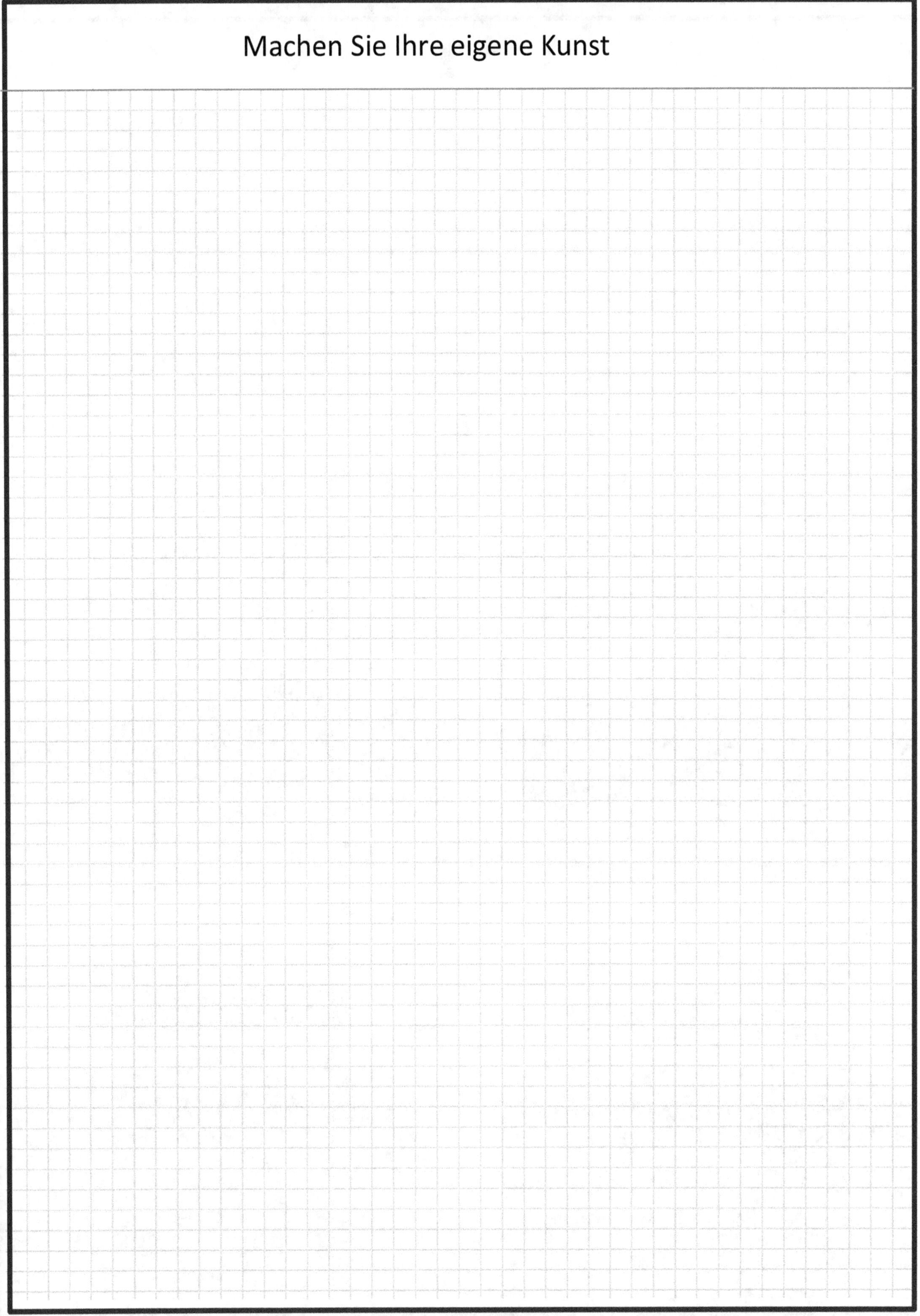

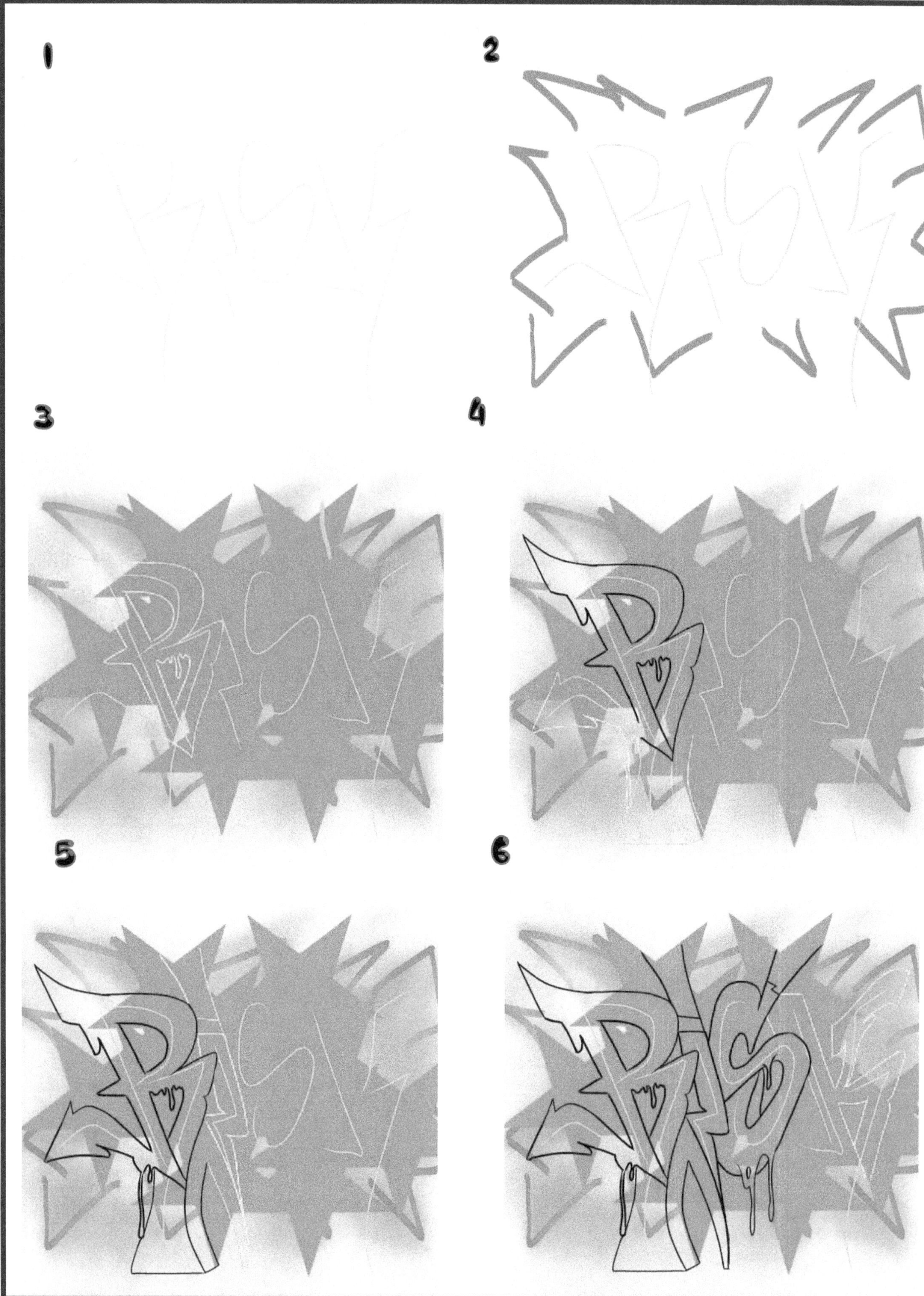

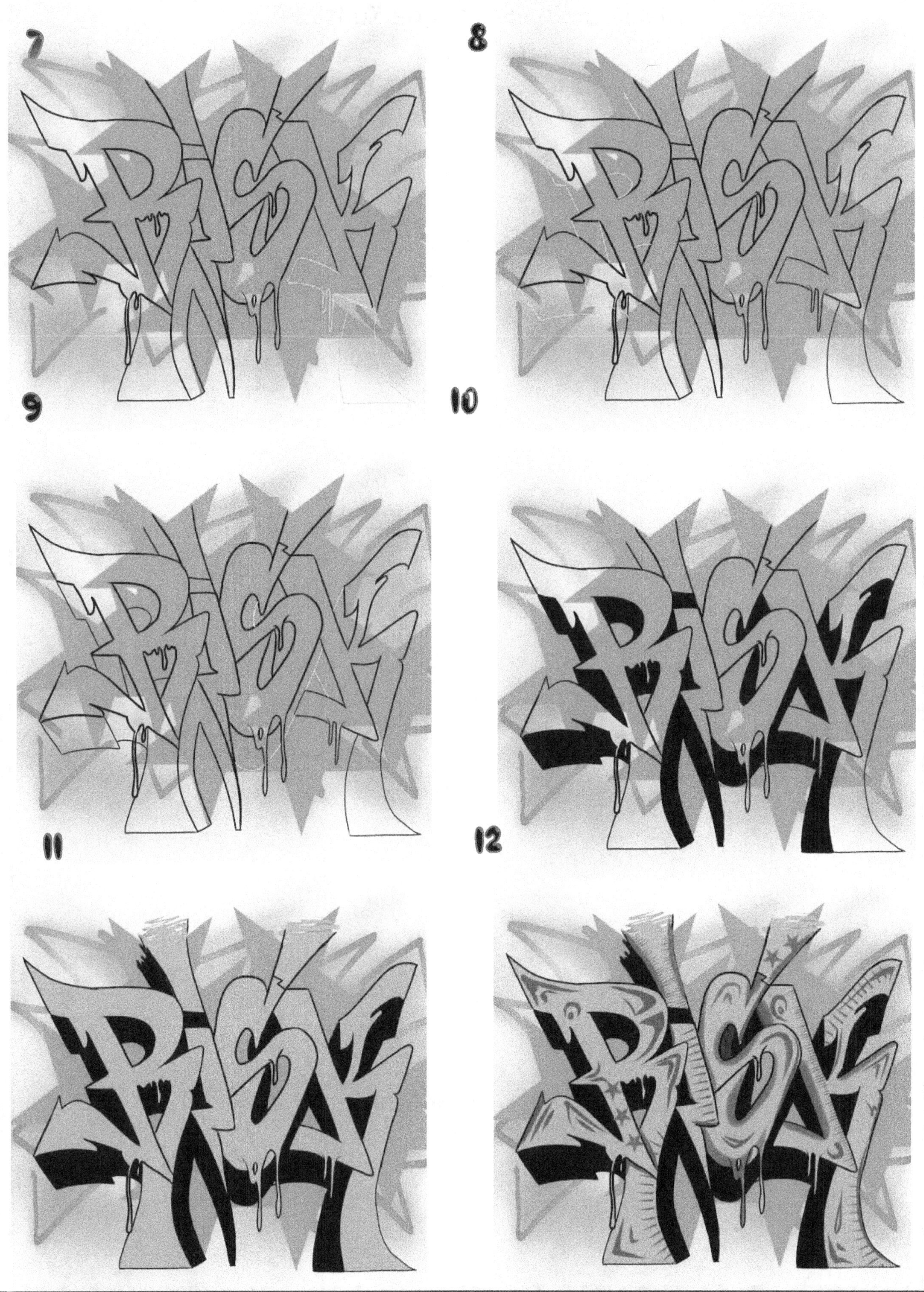

7
8
9
10
11
12

Machen Sie Ihre eigene Kunst

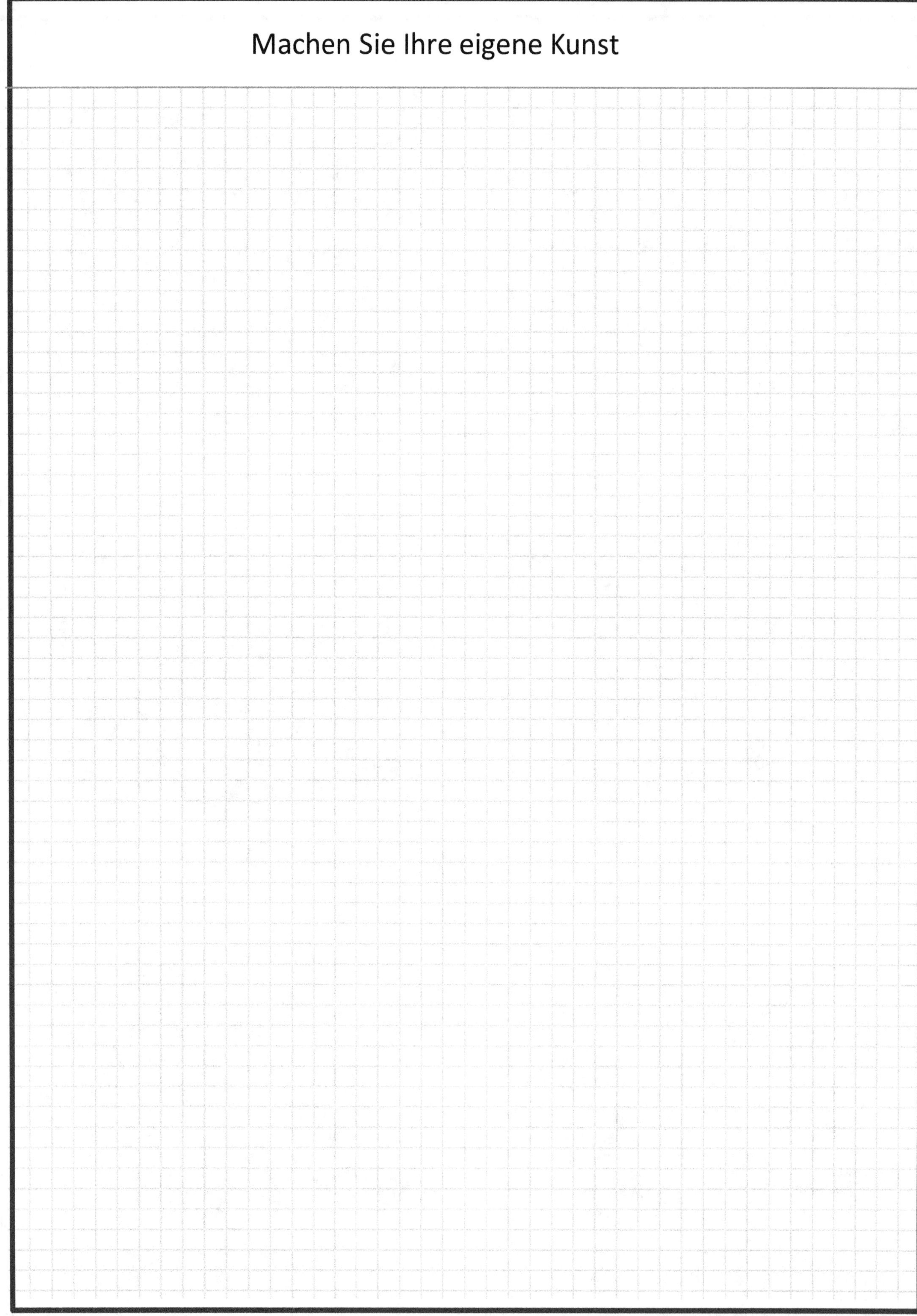

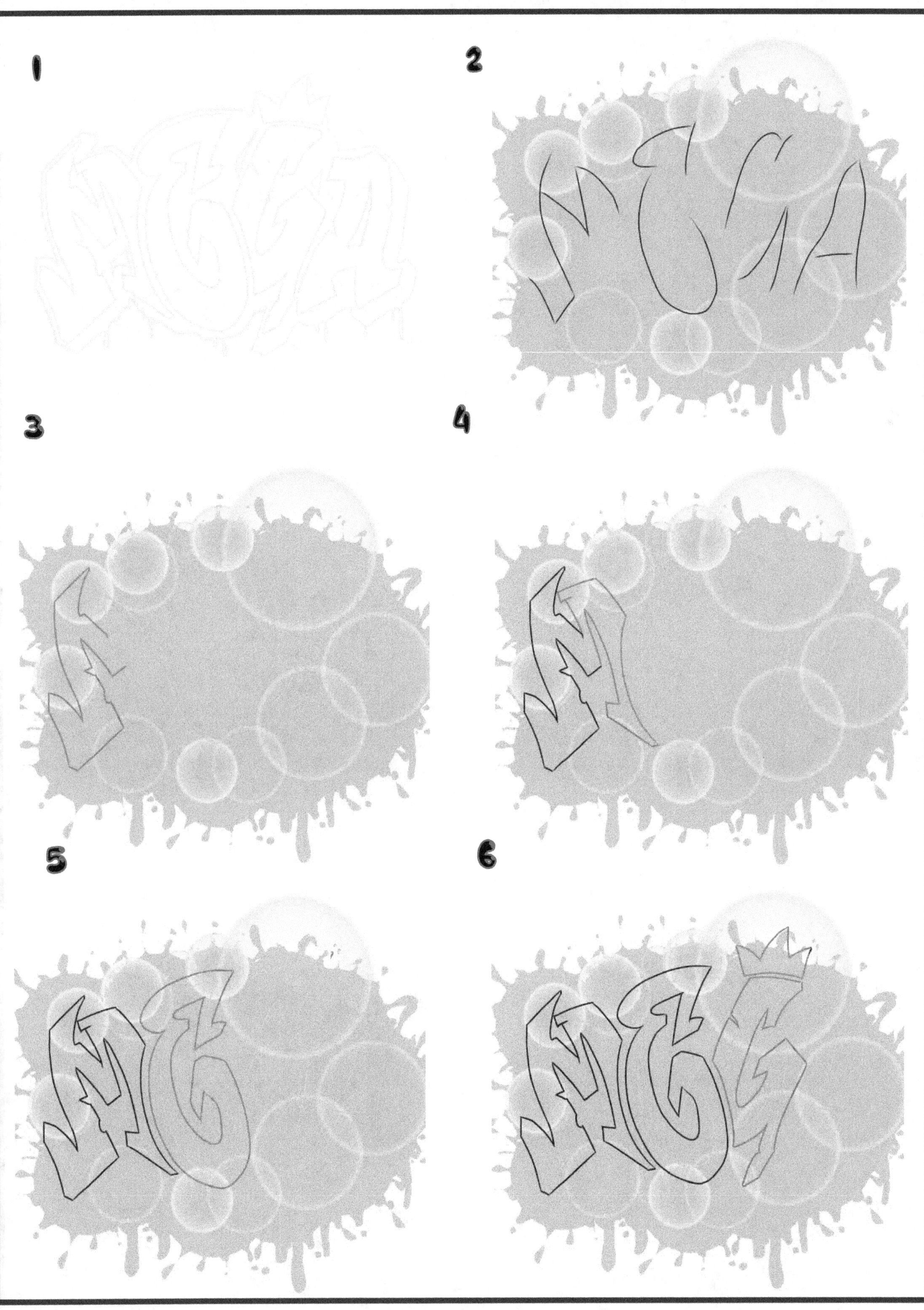
1
2
3
4
5
6

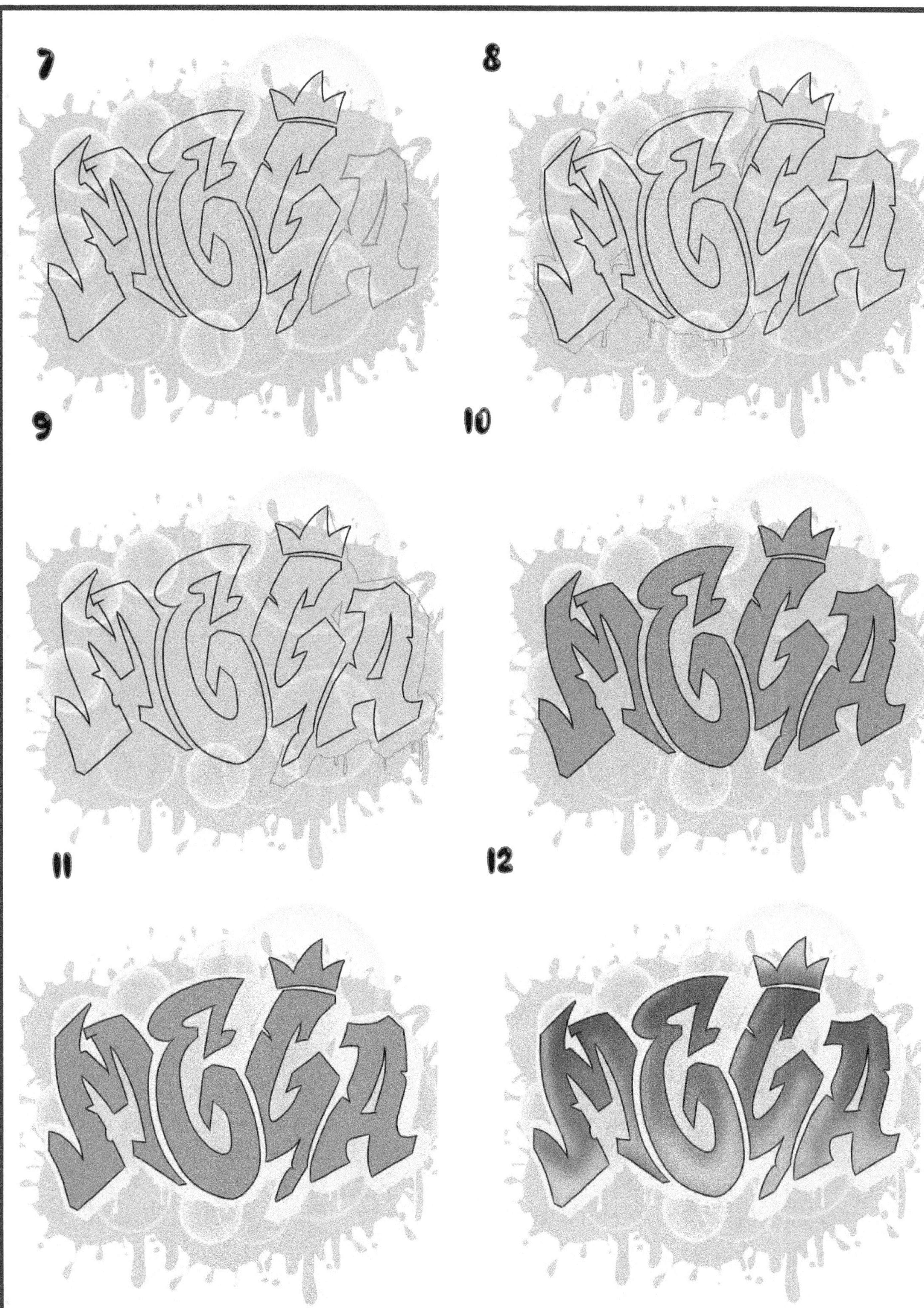

7
8
9
10
11
12

Machen Sie Ihre eigene Kunst

1

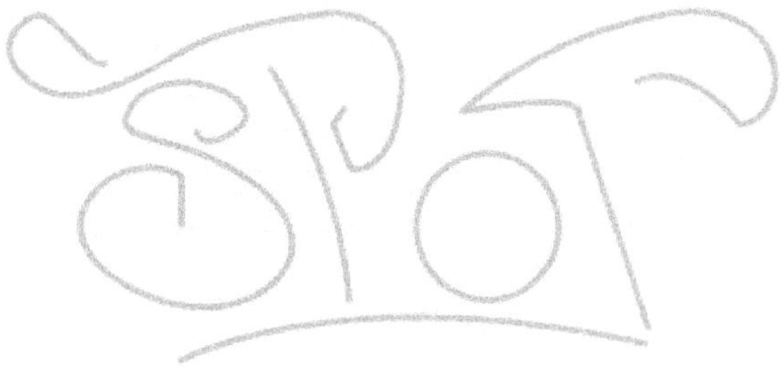

2

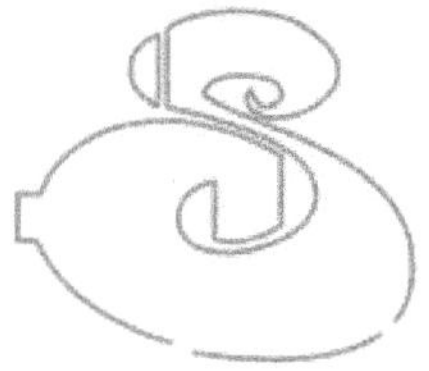

3

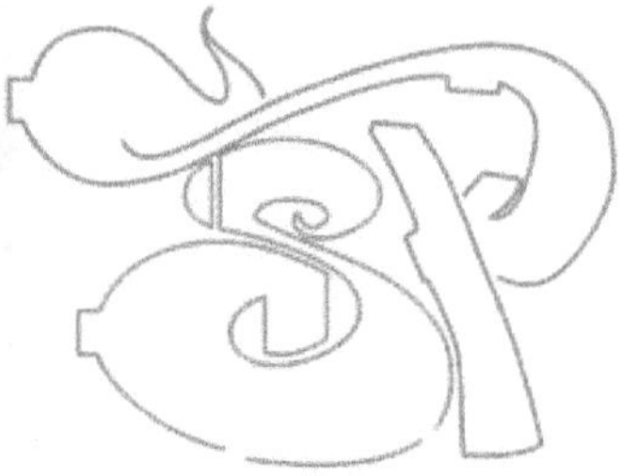

4

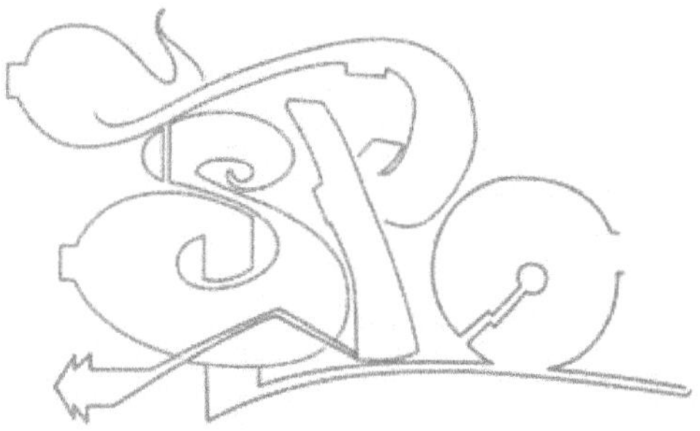

5

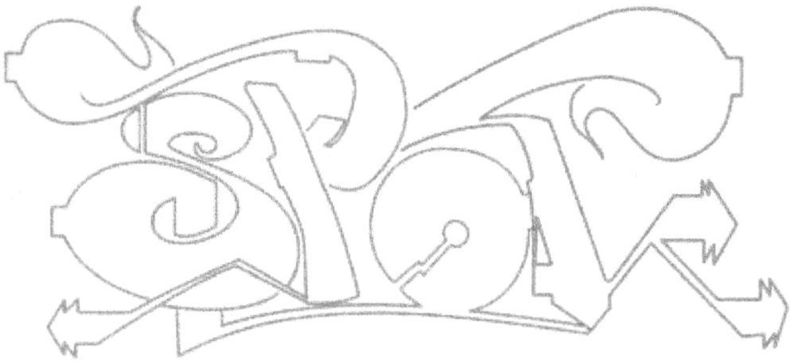

6

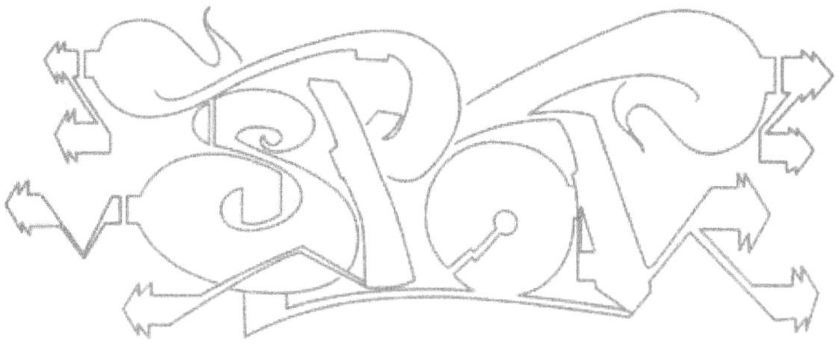

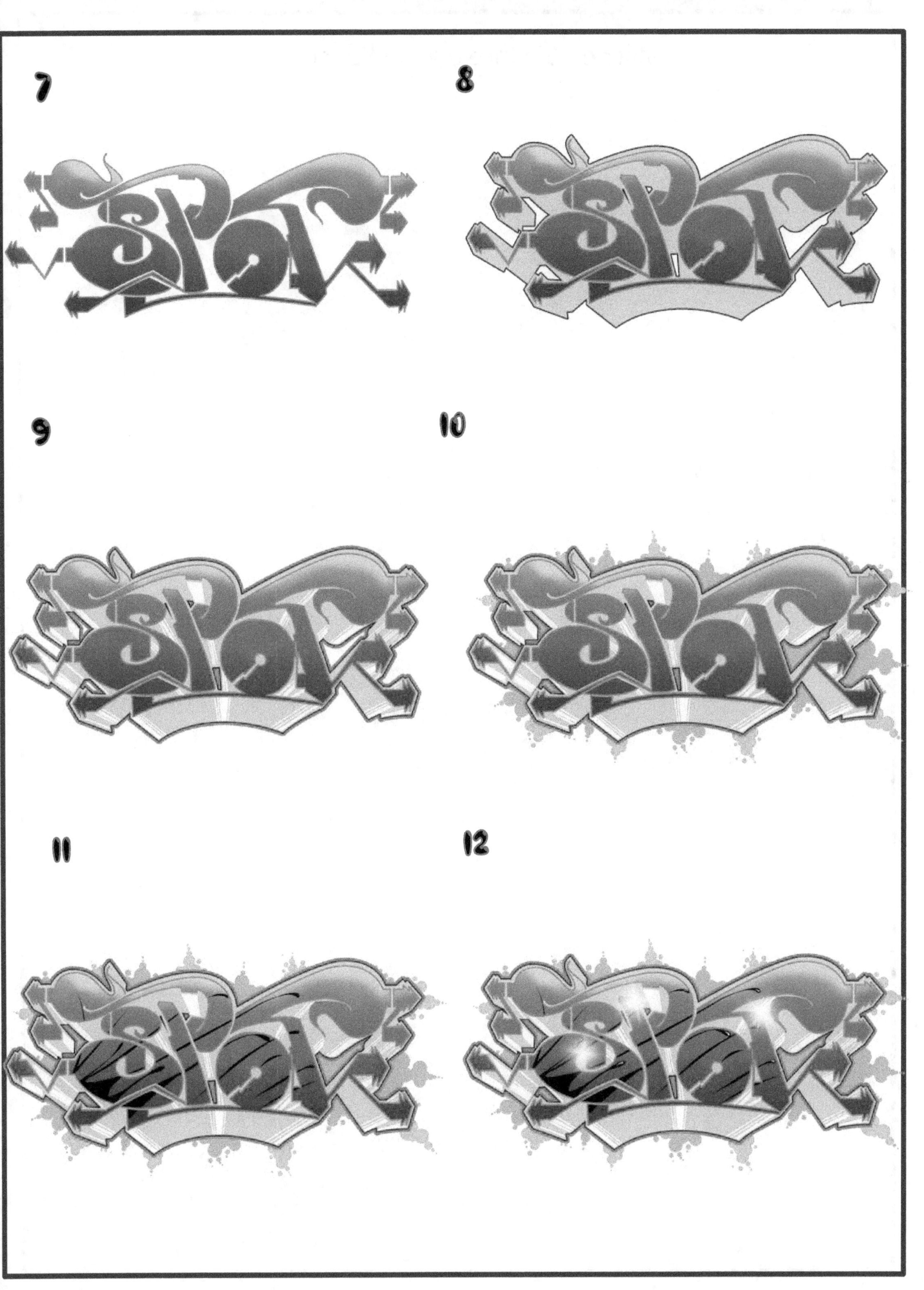

7
8
9
10
11
12

Machen Sie Ihre eigene Kunst

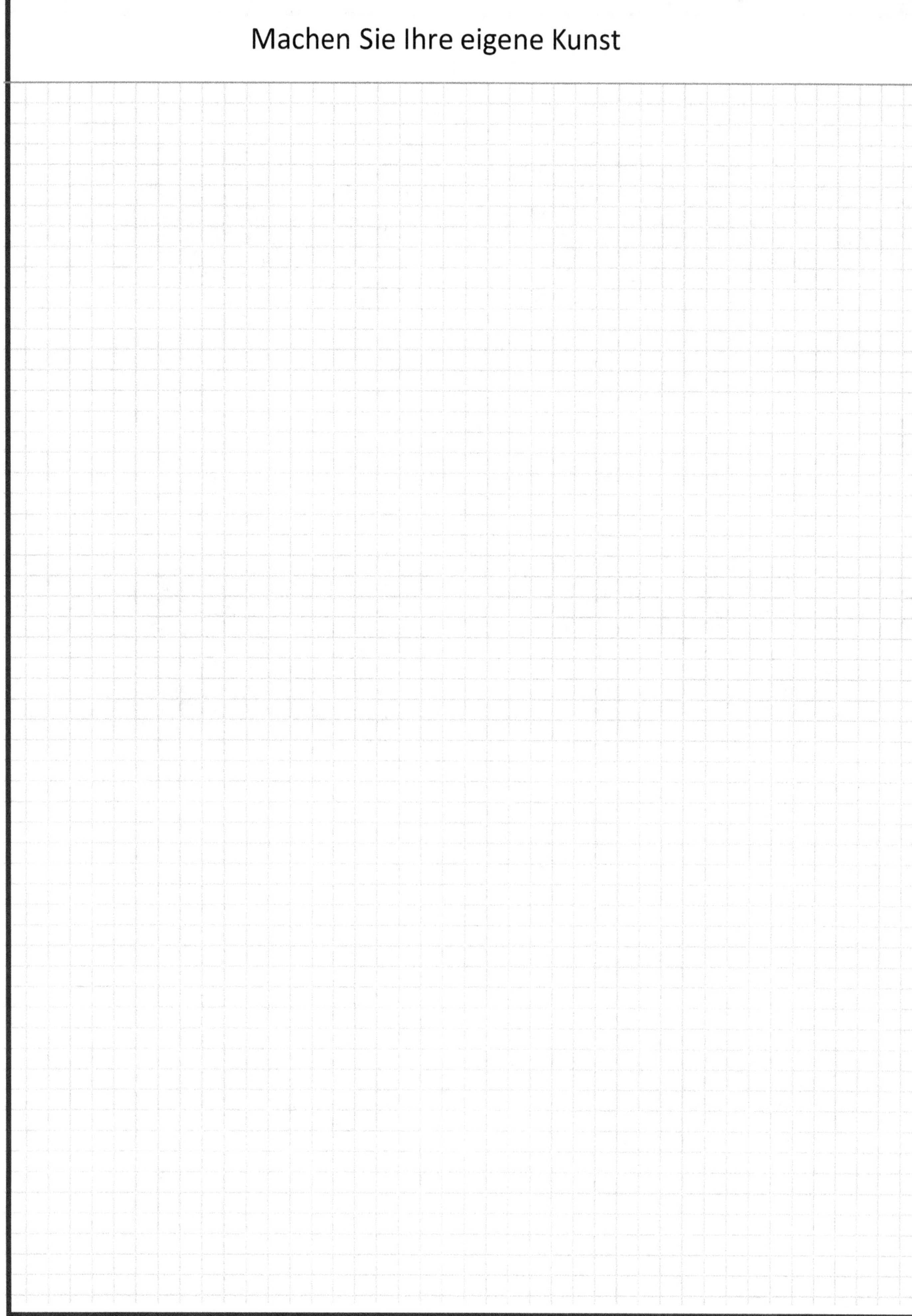

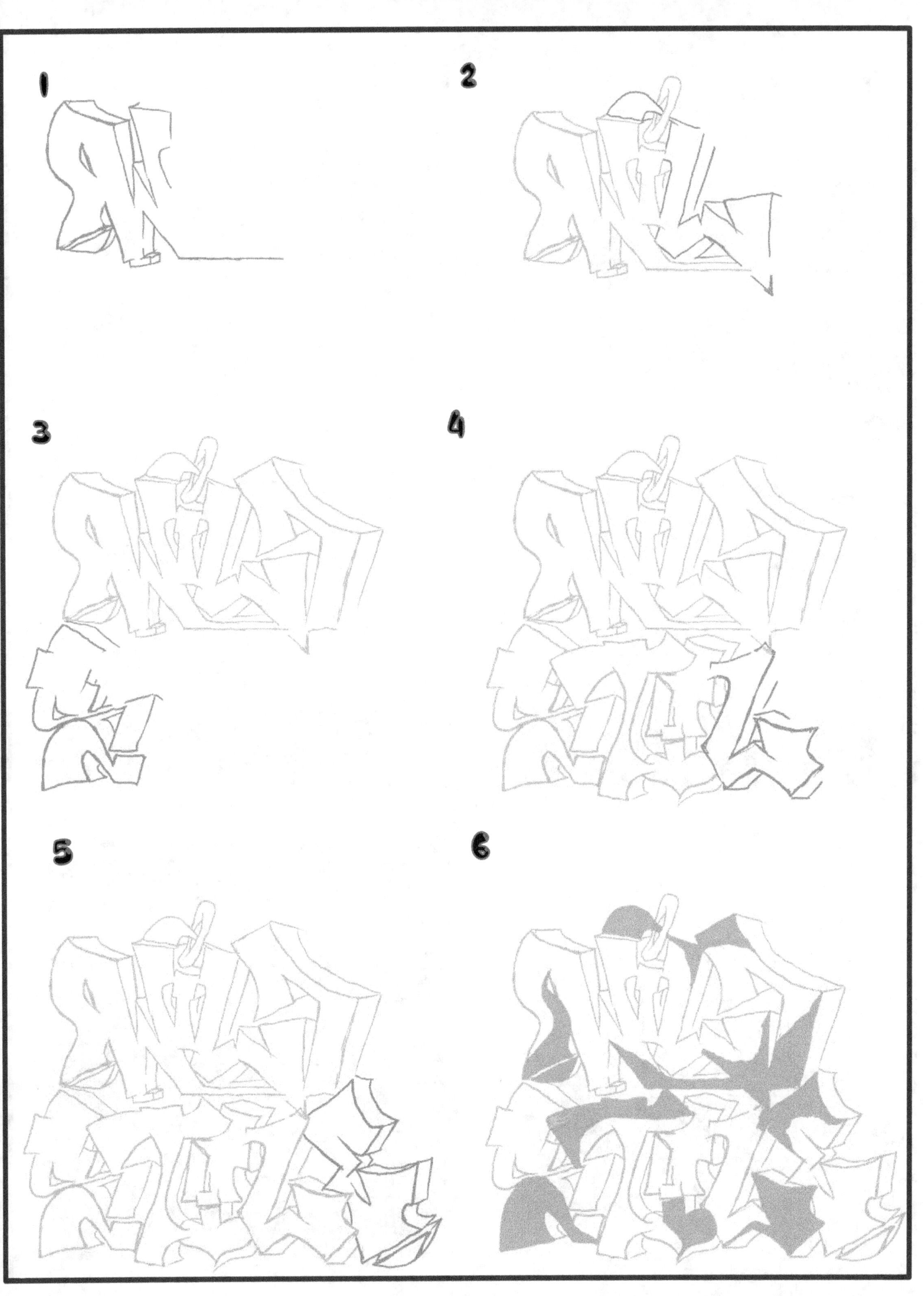

1
2
3
4
5
6

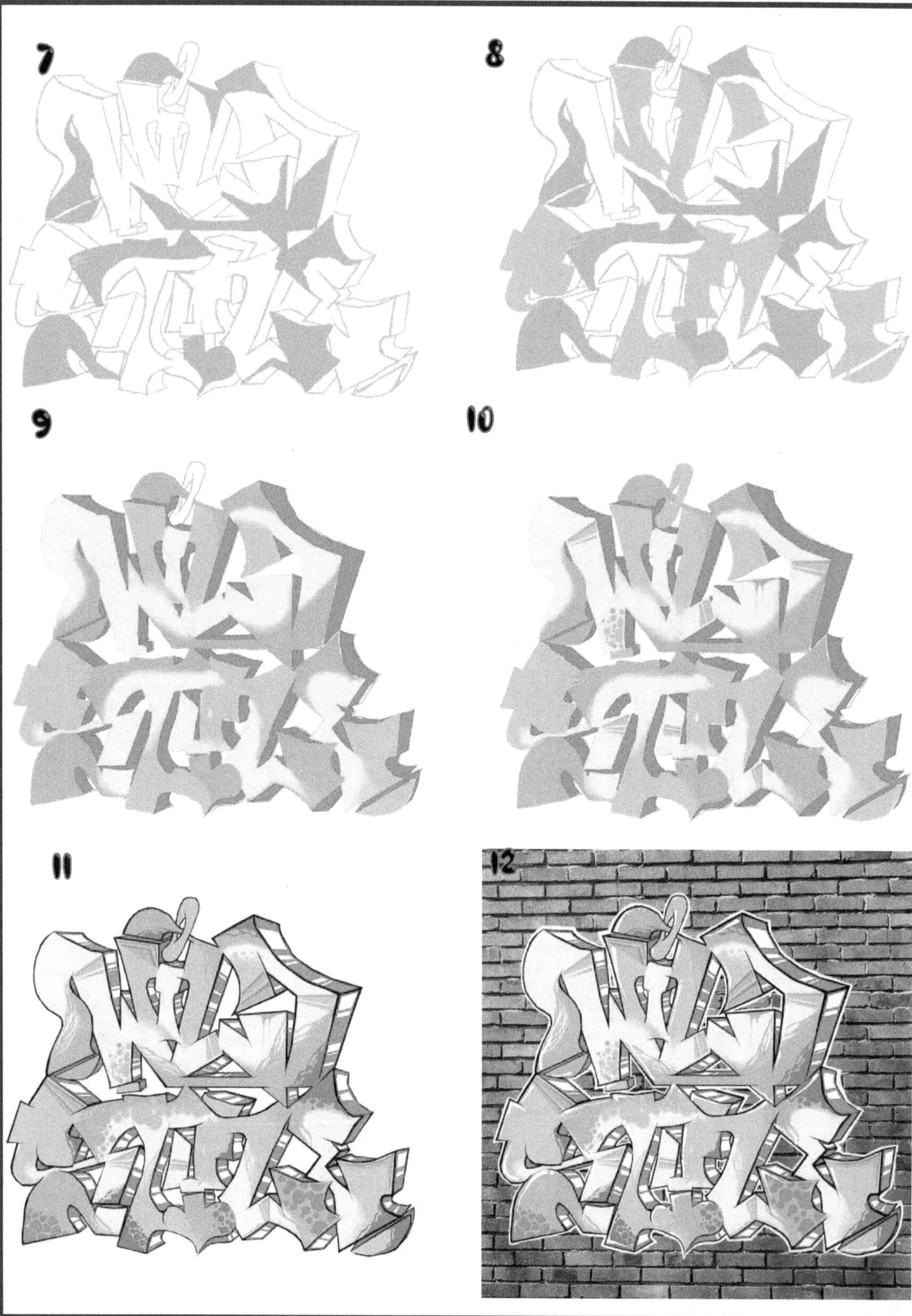

7
8
9
10
11
12

Machen Sie Ihre eigene Kunst

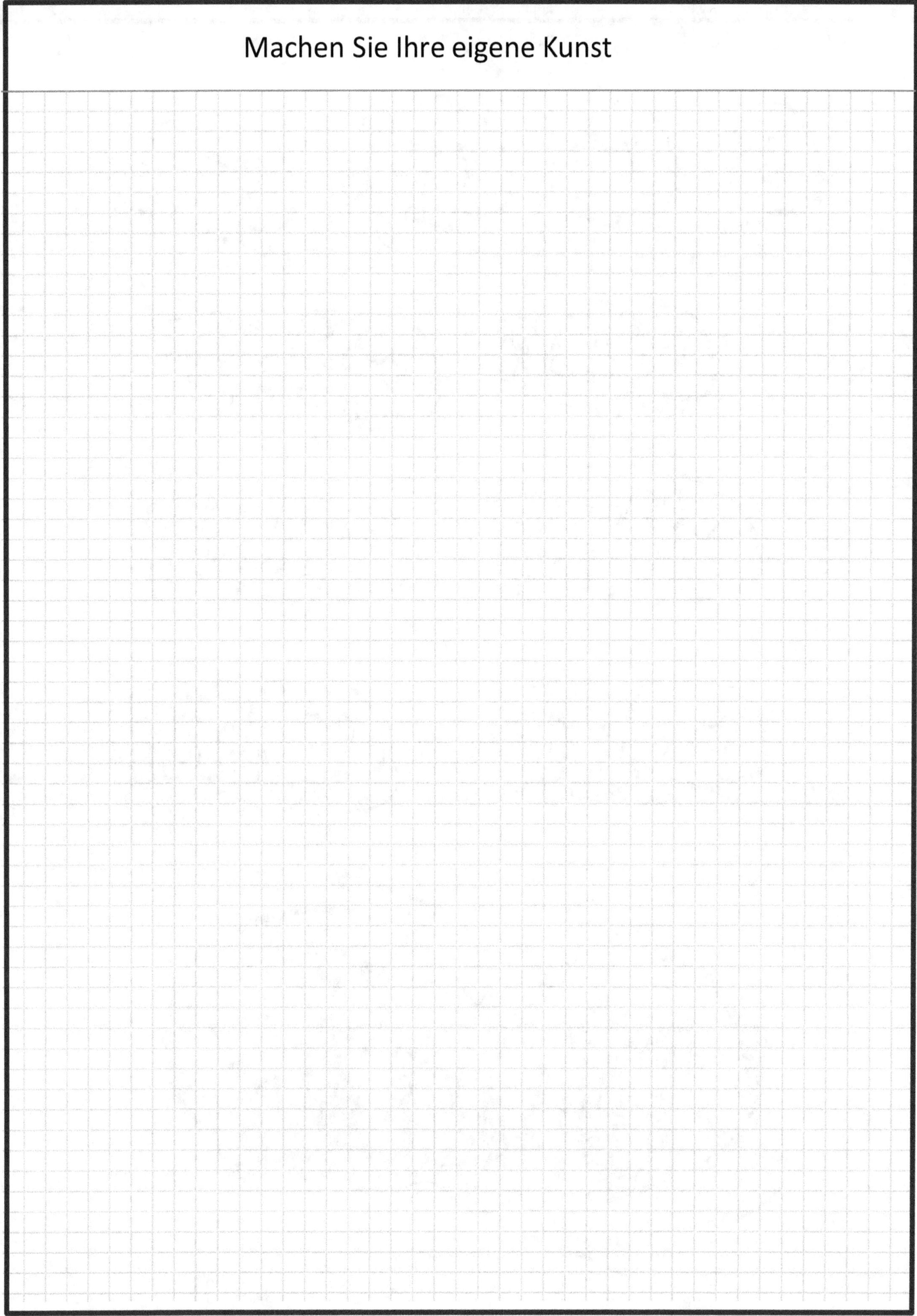

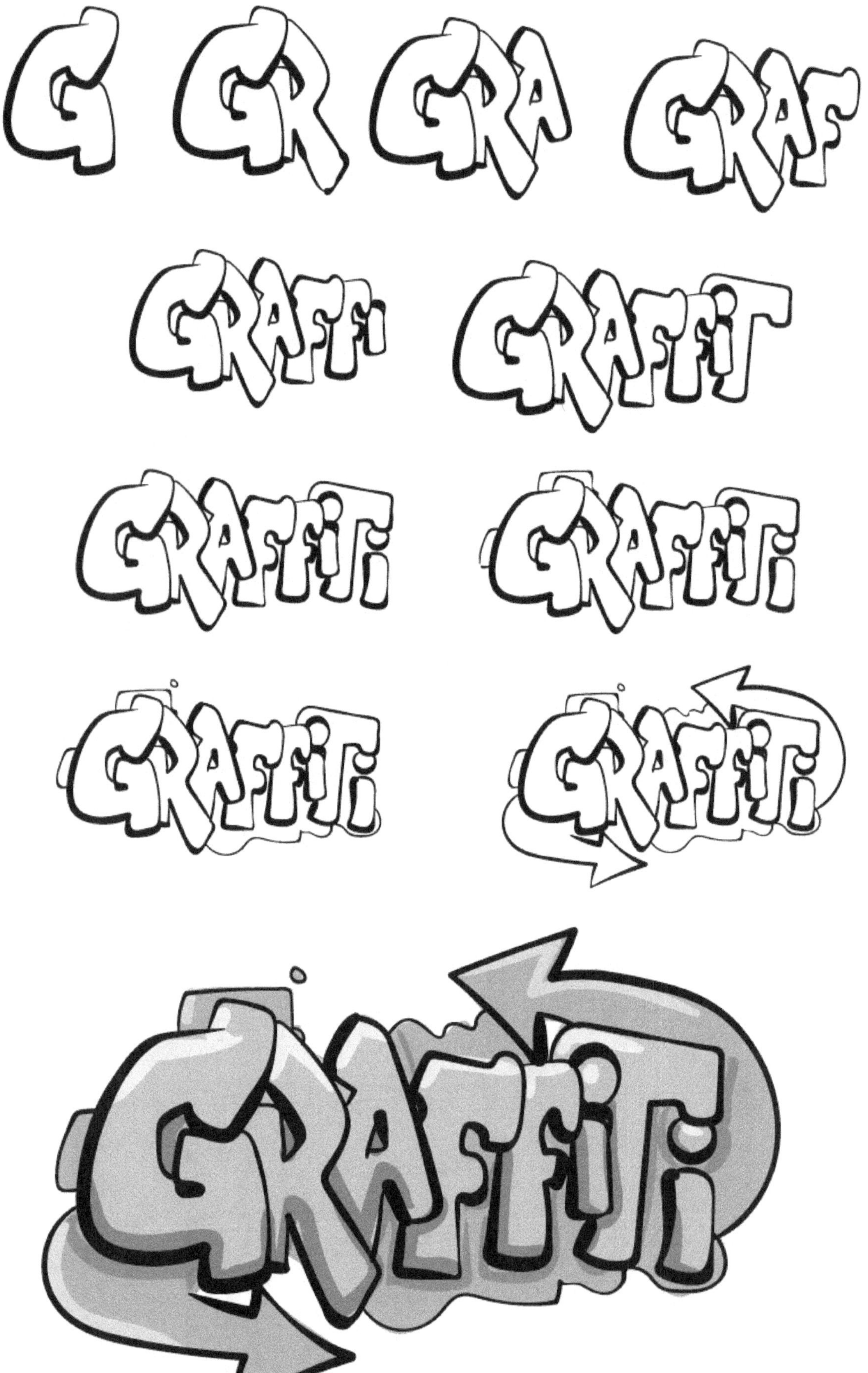

G
GR
GRA
GRAF
GRAFFI
GRAFFIT
GRAFFITI
GRAFFITI
GRAFFITI
GRAFFITI
GRAFFITI

Machen Sie Ihre eigene Kunst

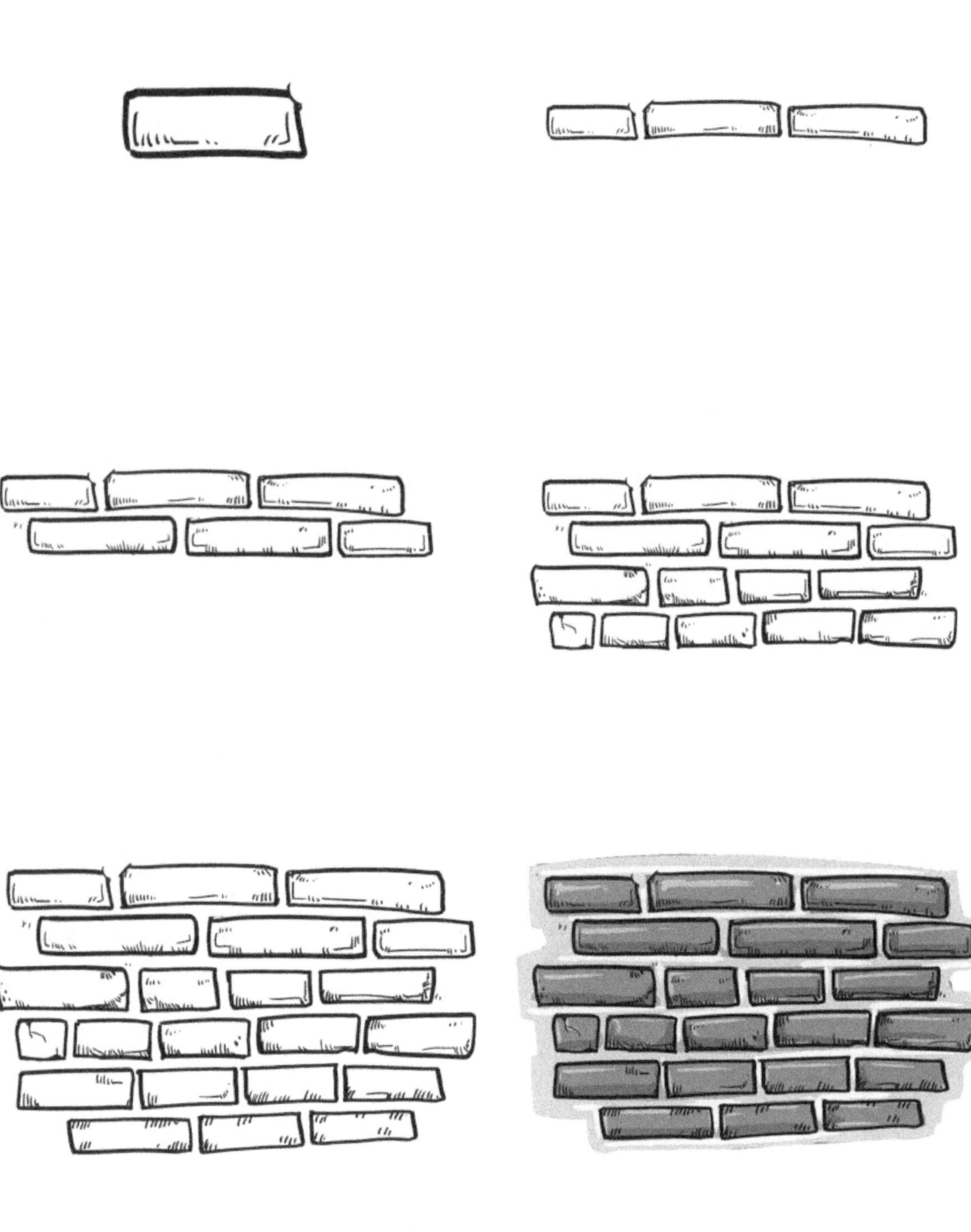

Machen Sie Ihre eigene Kunst

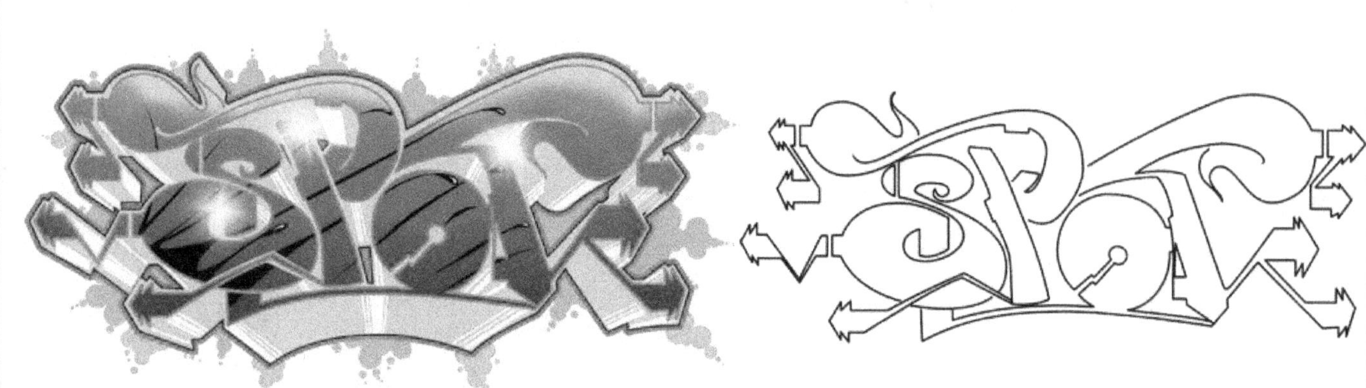
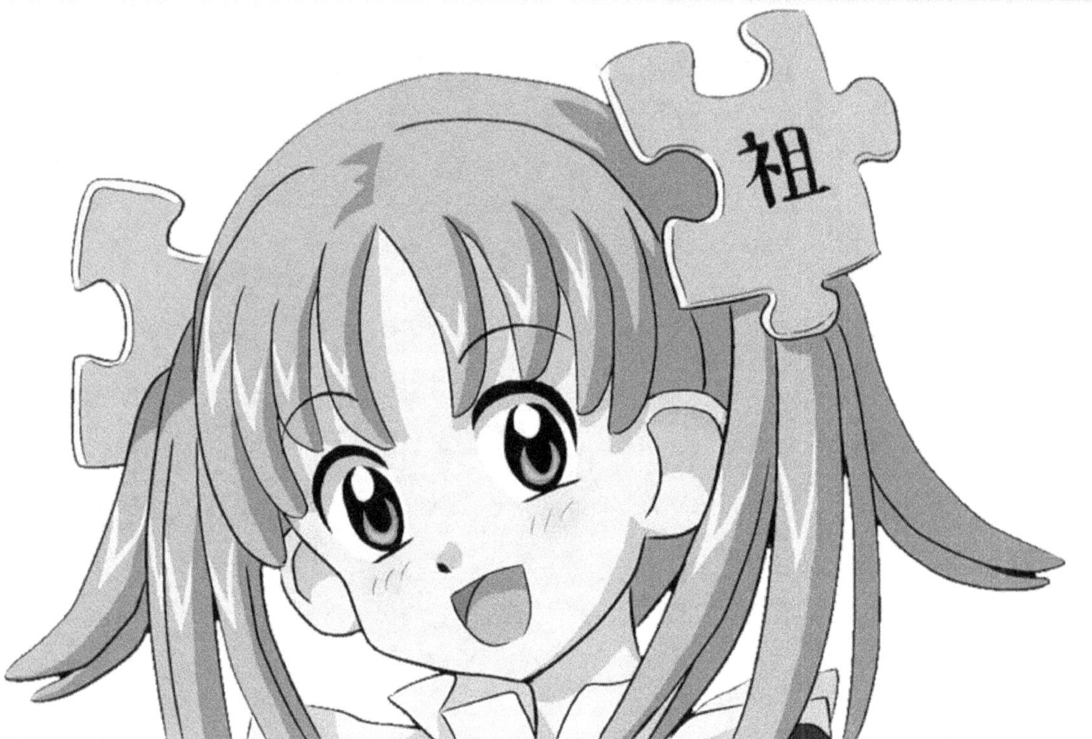
VAMOS A
COLOREAR
AHORA
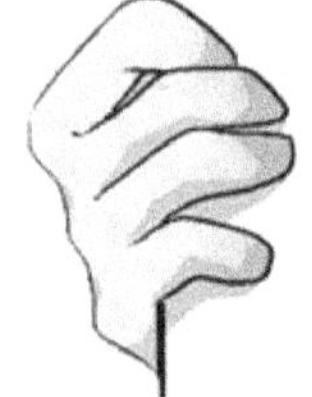
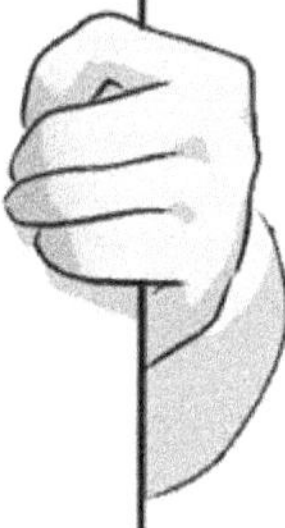

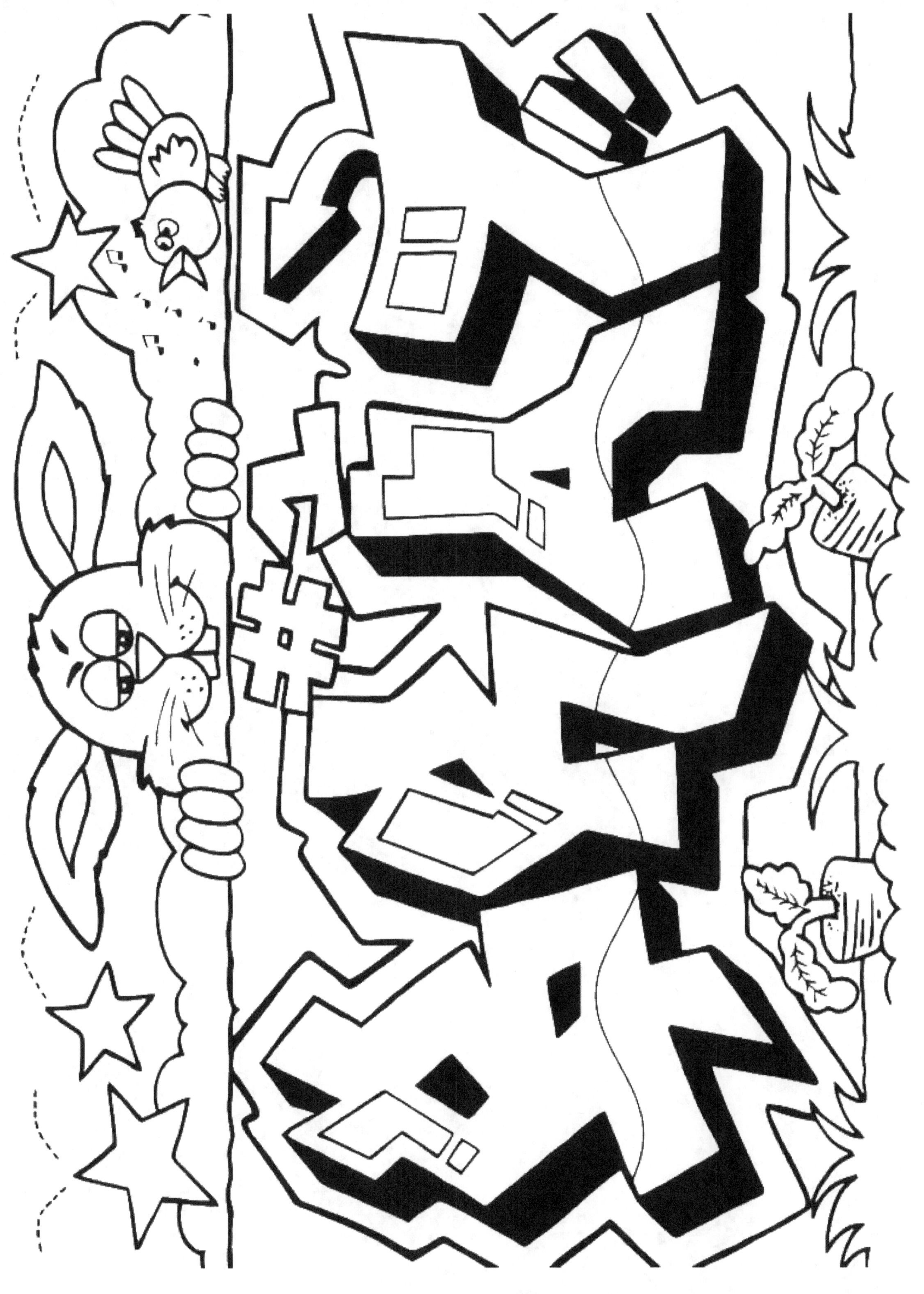

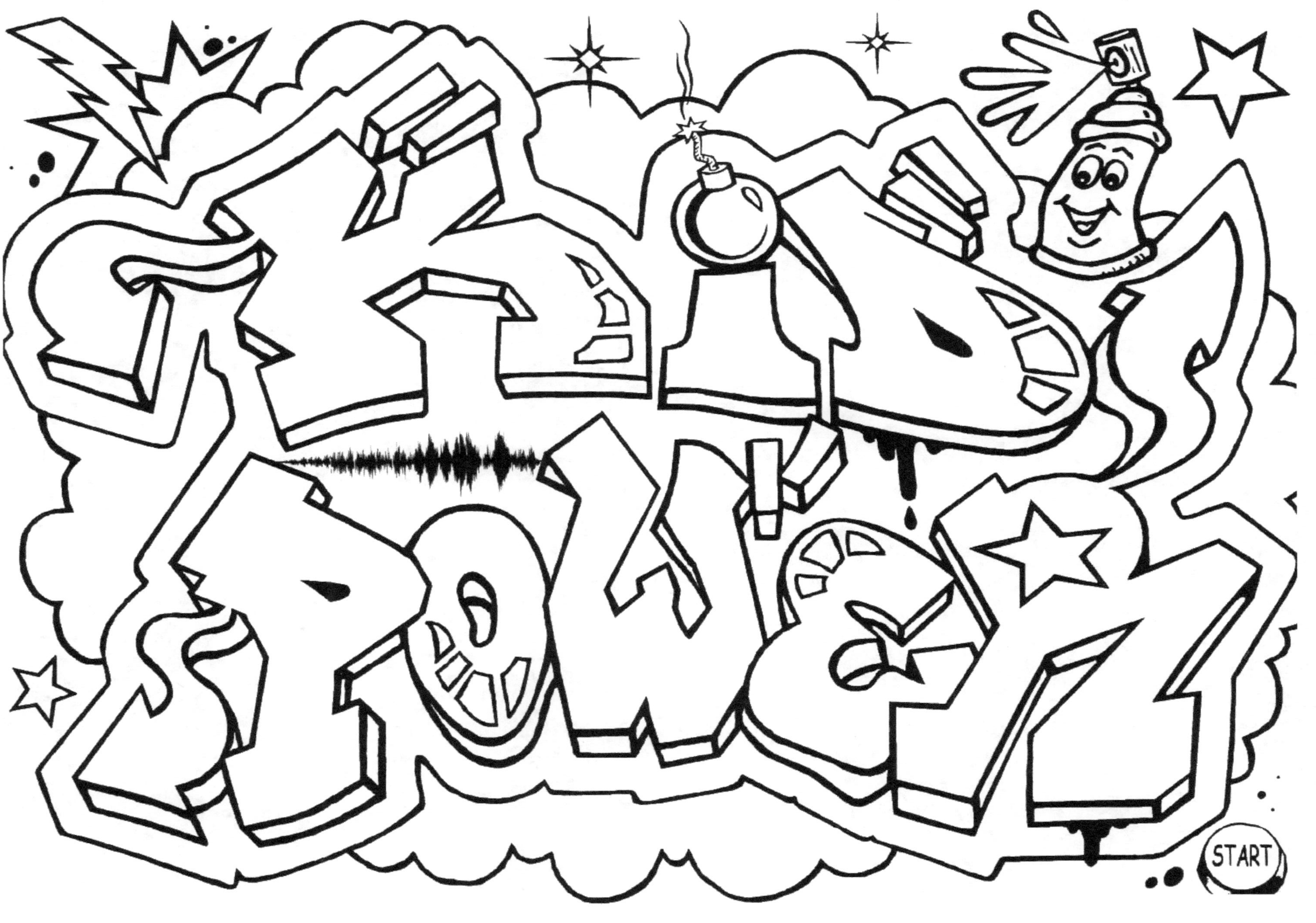
KID POWER
START

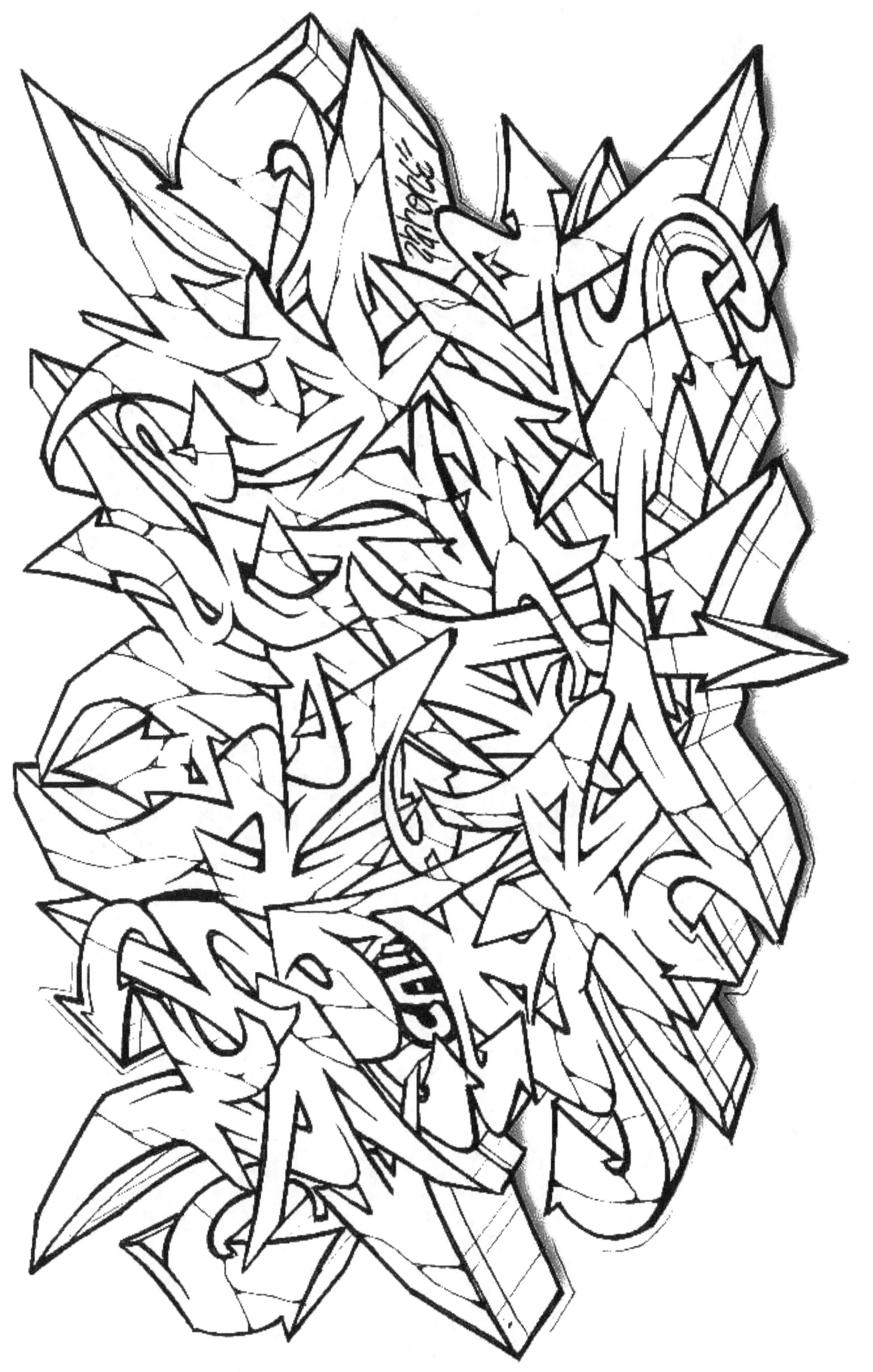

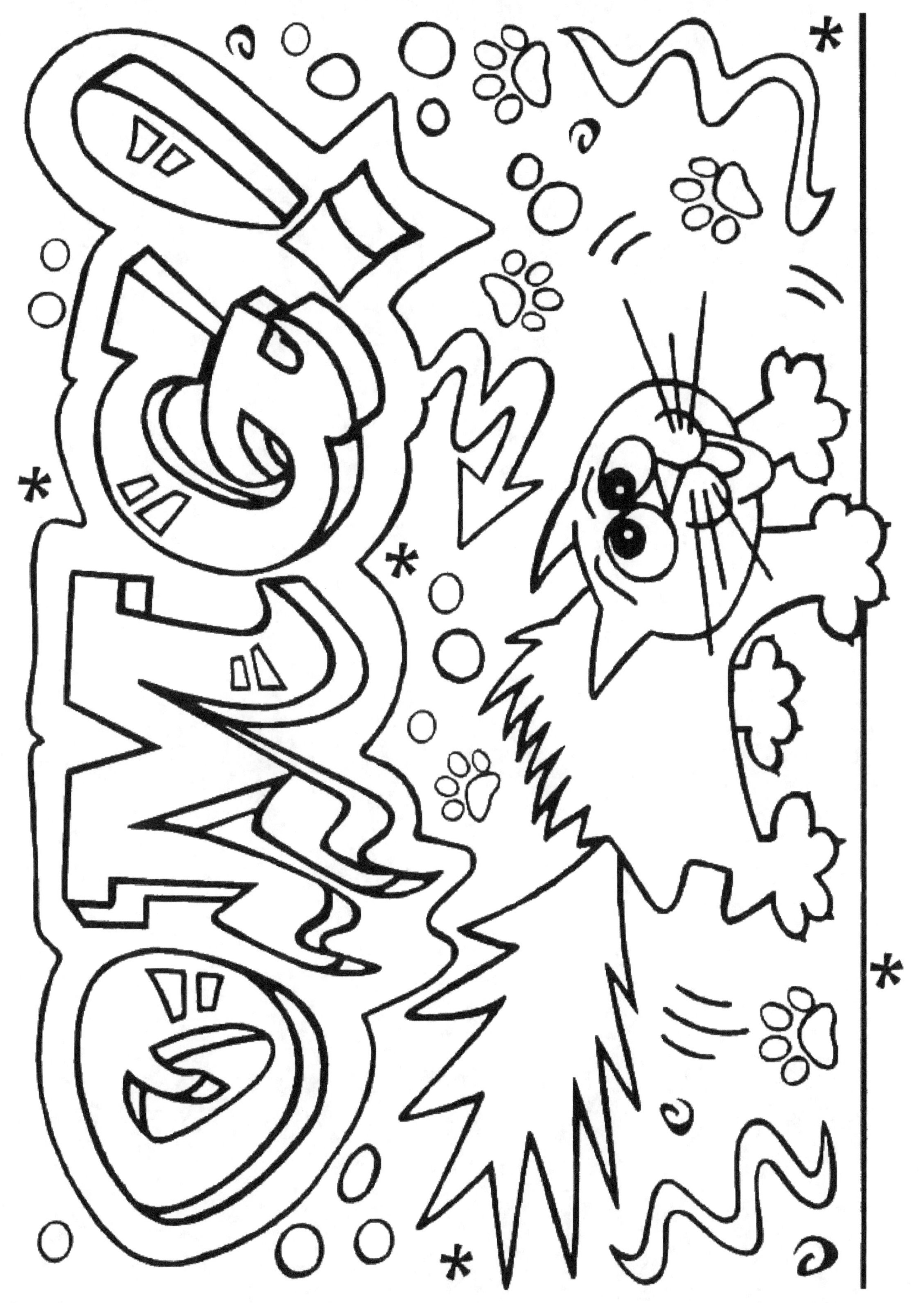

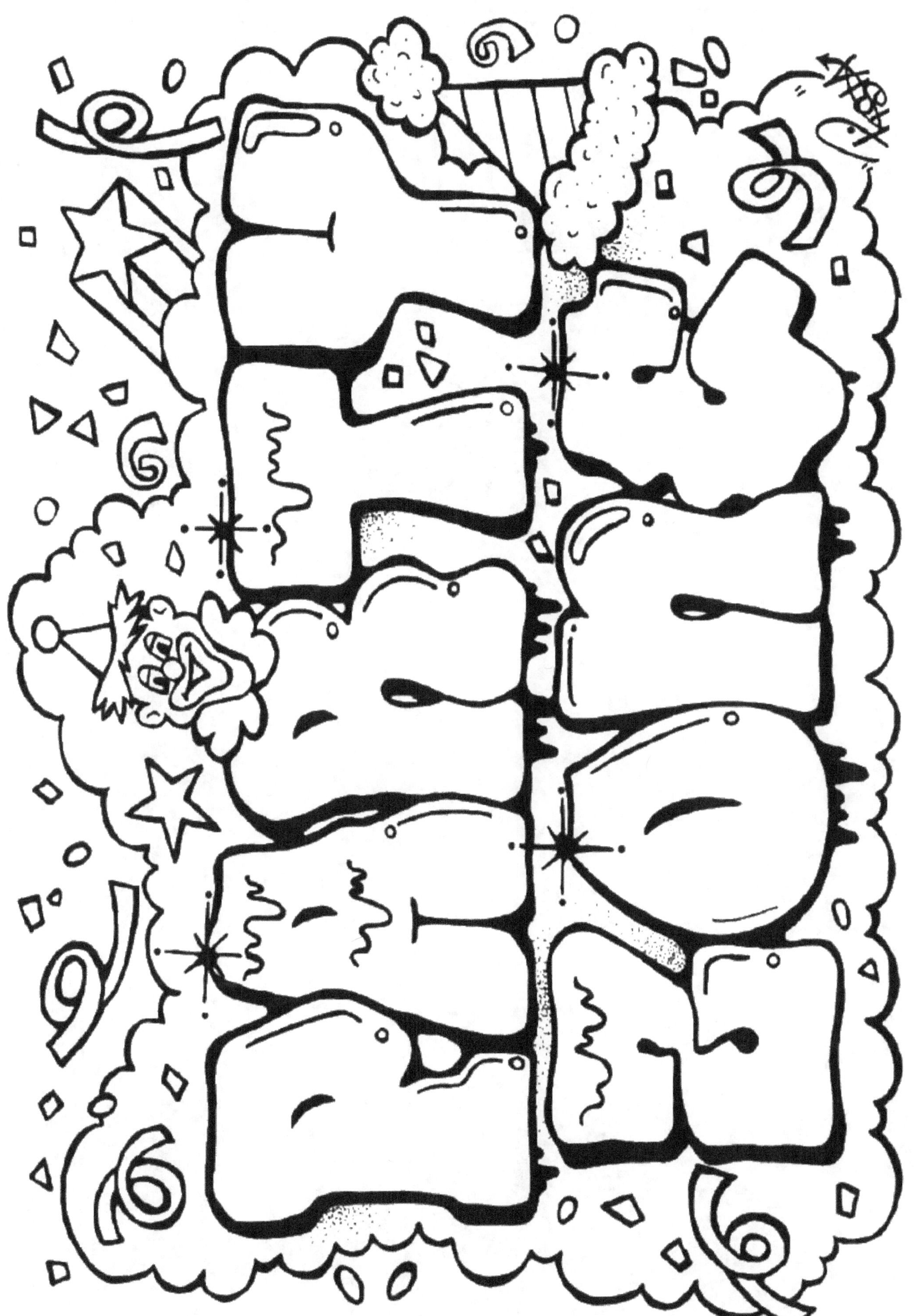

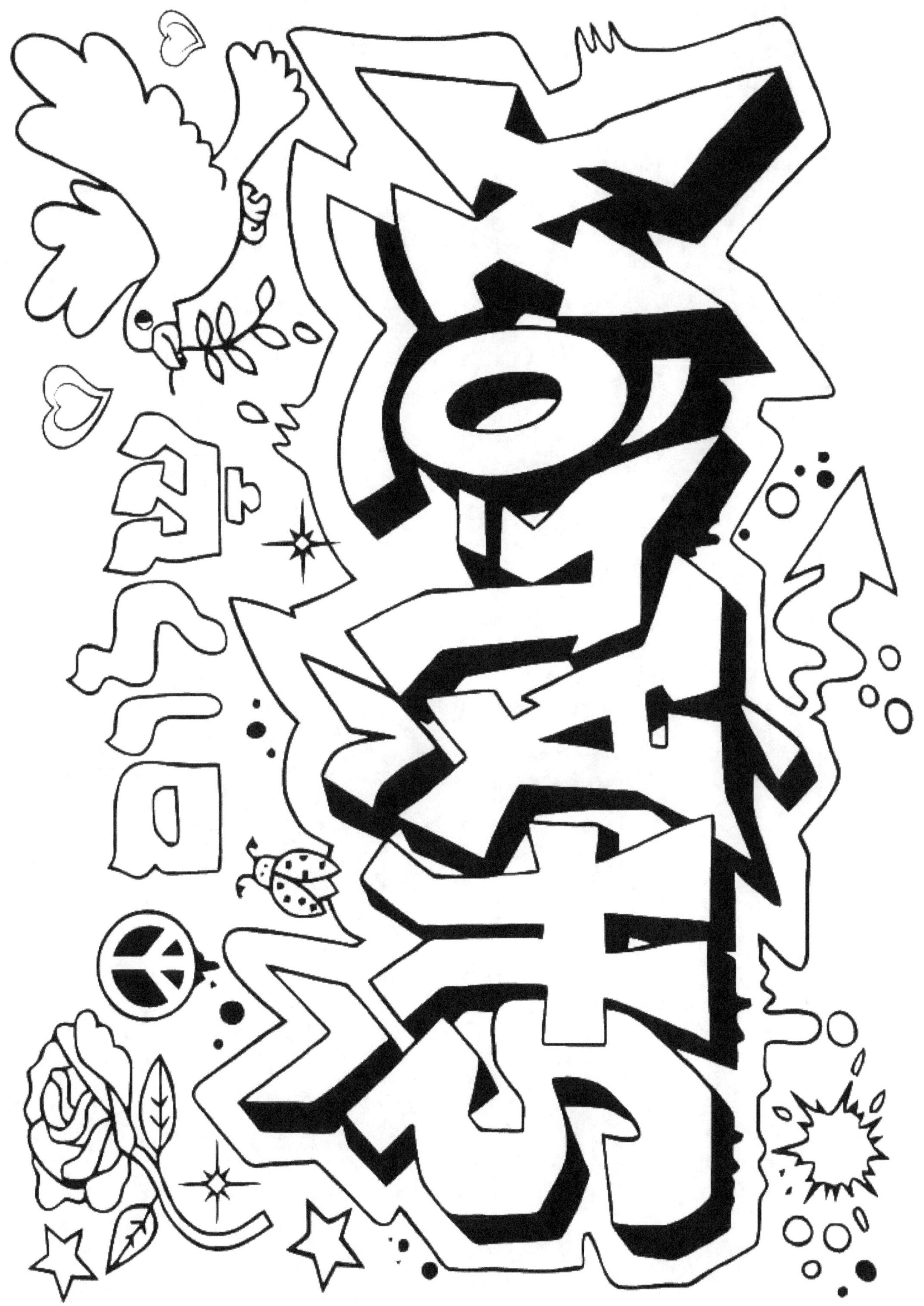

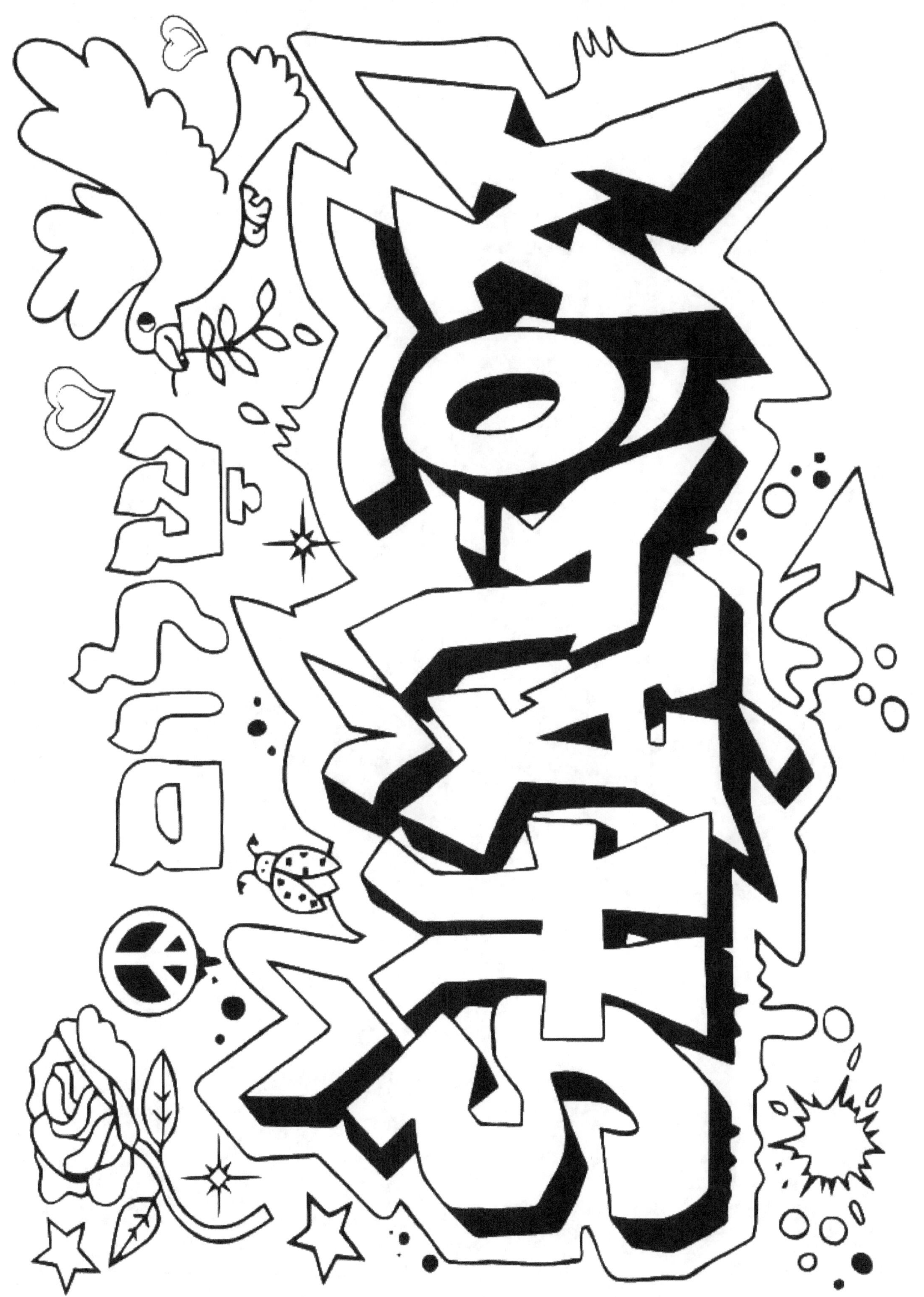

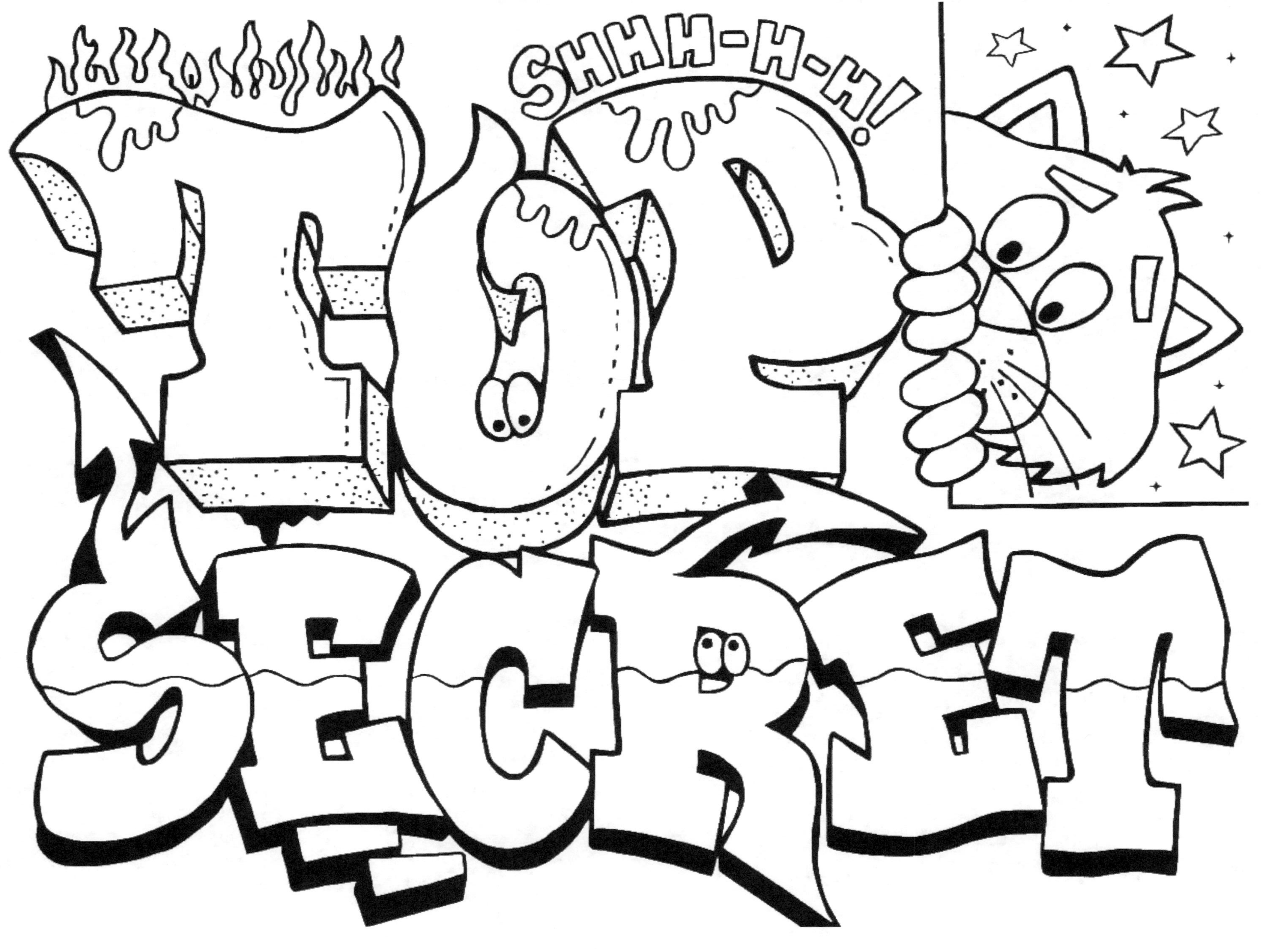
SHHH-H-H!
TOP SECRET

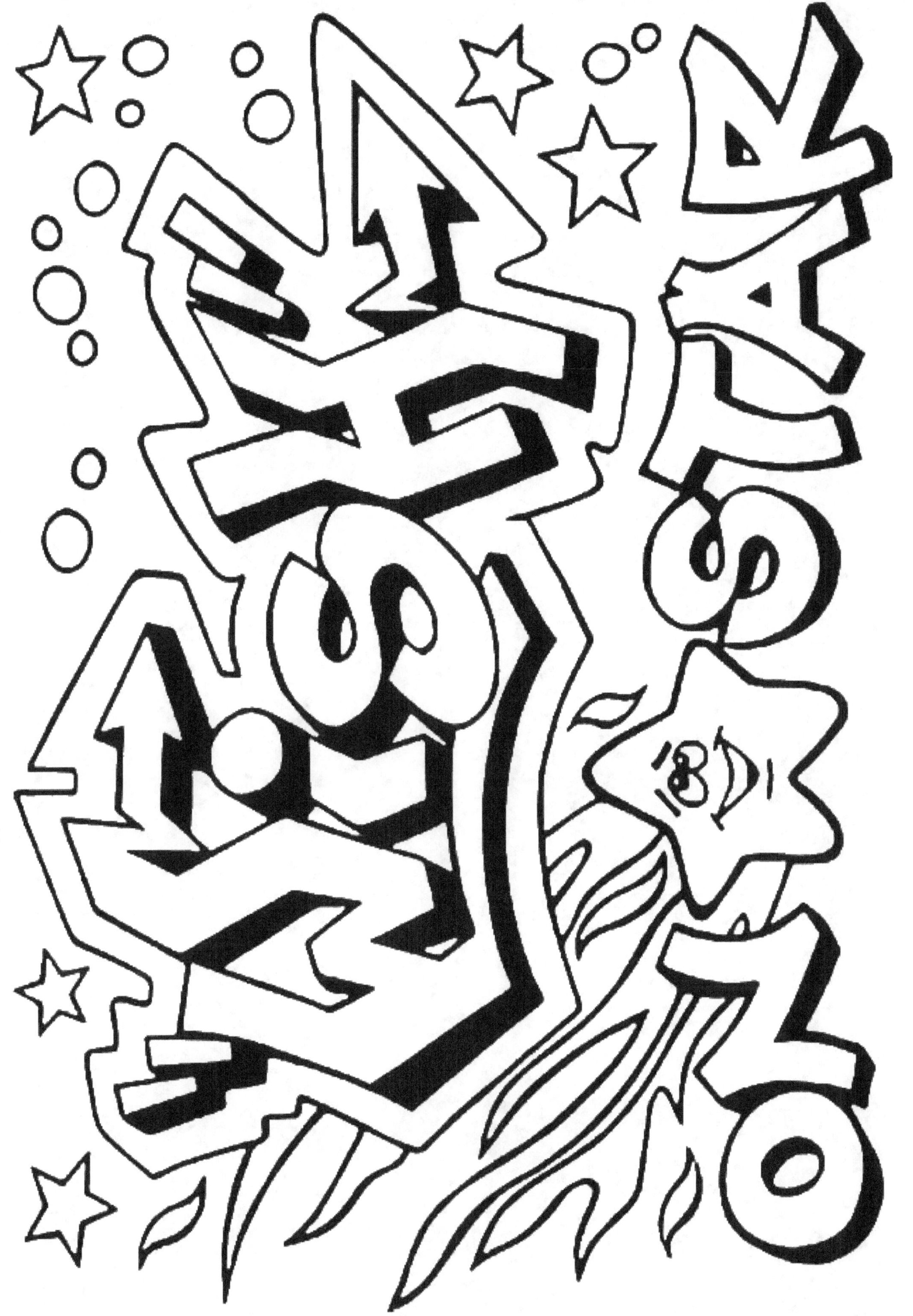

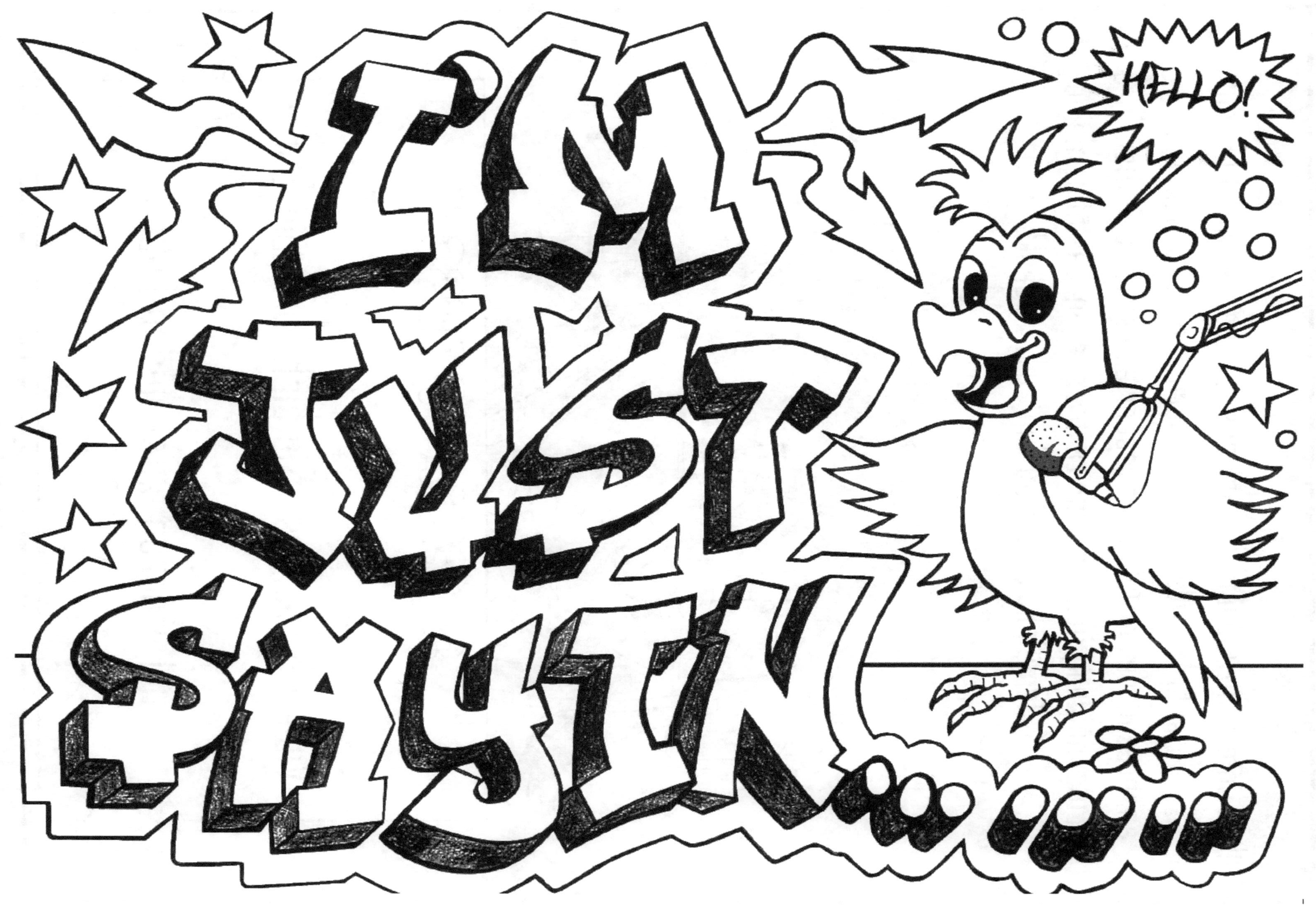

I'M JUST SAYIN
HELLO!

Ihre Unterstützung und Ihr Interesse an meiner Arbeit bedeuten mir sehr viel. Als Autor und Verleger ist es mein Ziel, ansprechende und lohnende Leseerlebnisse zu schaffen. Ihre Entscheidung, in mein Buch zu investieren, bestätigt meine Bemühungen und ich bin wirklich dankbar.

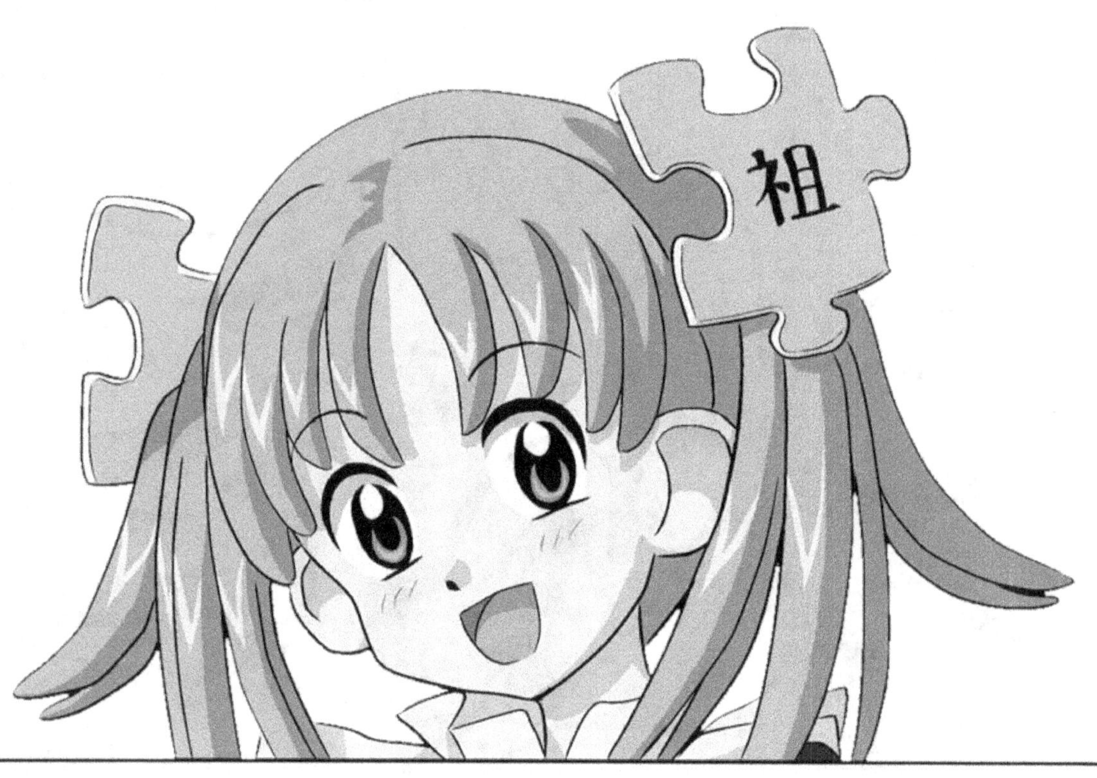

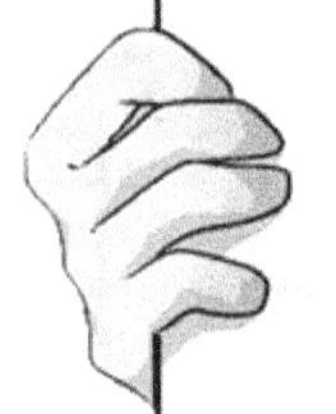